慰安婦問題の解決に何が必要か

和田春樹

慰安婦問題の解決に何が必要か

装丁　柴田淳デザイン室

目次

まえがき

慰安婦問題は日本と韓国の間にある歴史問題の一つである。だが、この問題が１９９０年はじめに韓国で提起され、秋には問題にとりくむ挺身隊問題対策協議会が生まれて、運動が始まると、慰安婦問題は日韓の歴史問題のアルファであり、オメガとなった。以来30年間近くこの問題が日韓の両政府、両国民の関心を独占してきたと言っていい。韓国でこの問題の解決を求める人々がはじめた日本大使館前の水曜デモ、水曜日集会も28年間つづけられ、１４００回をこえるにいたった。市民社会で問題の解決をめざす市民の行動、デモが毎週一回行われ、これほど長い年月のあいだつづけられていることは世界に例を見ない。畏敬の念を捧げるべき偉業とみるか、結果をえられぬままにつづけられた悲劇的振舞とみるか、人によって評価は分かれるであろう。

韓国の女性たちがつくった挺身隊問題対策協議会（略称は挺対協）が慰安婦問題を告発し、6項目の要求を日韓両政府に提起したのは、１９９０年10月17日のことである。翌91年8

月には、挺対協のよびかけに応えて金学順《キムハクスン》ハルモニ（おばあさん）が名乗り出た。被害者当人が記者会見で、慰安婦となってうけた苦しみについて語り、日本国家を告発したのである。ここにいたって、ときの自民党宮沢政権が動き、韓国盧泰愚《ノテウ》政府の促しもうけ、91年12月から慰安婦問題の資料を収集し、研究することを開始した。

一年半かけて、調査は終わった。1993年8月4日、日本政府は、調査結果をとりまとめ、河野洋平官房長官談話を発表した。獲得した慰安婦問題認識を明らかにし、「出身地のいかんを問わず」、慰安婦犠牲者となった「すべての方々」に「お詫びと反省」を表明するとしたのである。この「お詫びと反省の気持ちを表す」方法については検討が約束された。翌年、自社さきがけ三党連立の村山富市首相の政権が誕生するや、この方法の検討が本格化され、1995年7月、女性のためのアジア平和国民基金（略称はアジア女性基金）が設立されるにいたった。基金は、かっての戦争の時代に日本軍の慰安所等にあつめられ、日本軍将兵に性的な奉仕をさせられ、苦しみをうけた女性たちに対して、道義的責任を認める総理大臣の謝罪の手紙を渡し、国民から募った寄付金を原資に「償い（atonement, 贖罪）」の支払いをする事業を開始した。韓国の被害者は、基金の発足以前に、民間募金で「見舞金」を出すという新聞報道が出たことに強く反発したし、挺対協などの運動団体は、法的責任を明確にみとめて賠償を支払えと主張し、アジア女性基金に反発した。謝罪する総理が政府の資金で支払いをしないということに強い反発があったのである。結局、アジア女性基金はフィリピン211人、韓国60人、台湾13人に償い金の支給と医療福祉支援事業を実施し、オランダ79人には医療福祉支援金のみを渡すことができたにとどまった。国別にみれば、フィリピン、オランダについては大多数の被害者に対して事業を実施できたが、韓国と台湾では政府に登録した被害者の3分の2の人々に対しては事業できずに終わったのである。インドネシアでは被害者個人に対してはいかなる事業もできず、インドネシア政府の要請により代替事業を行っただけであった。また中国と朝鮮民主主義人民共和国の被害者にはいかなる事業もしていない。アジア女性基金は2007年に解散した。

アジア女性基金に反対する日本の運動団体は早くから慰安婦問題の立法解決をもとめて運動していたが、2009年に政権交代が起こり、民主党政権が誕生すると、これに強い期待をかけ、「全国行動2010」なるあたらしい運動体を結成して、韓国挺対協の支持も得て、民主党政権に立法解決をもとめた。だが、民主党政権は期待と約束に反して、立法解決に進まなかった。

そのとき、2011年8月30日、韓国憲法裁判所が慰安婦問題の解決のために努力しない韓国政府の不作為は憲法違反であるとの判決を出したことが大きな救いとなった。韓国の李明博《イミョンバク》大統領は2011年12月に日韓首脳会談で野田首相に慰安婦問題に対するあらたな措置をとることを強く要求した。おりしもこの月には挺対協の水曜デモは1000回目の行動となり、そのとき少女像が日本大使館前の路上に設置されたのである。

2012年2月日本の運動団体、「全国行動2010」の共同代表花房俊雄氏は、「被害者の心に届く謝罪」と「国庫からの償い金」の支給を、政府間交渉での政治決断で定めるように日本政府にもとめた。これをうけて、民主党政権の斎藤勁官房副長官が李大統領の特使李東官《イドングァン》大使と協議し、解決案で合意したが、野田首相の承認がえられず流産してしまった。

2012年末に成立した安倍晋三政権は河野談話を修正せんとした歴史修正主義の政権であったが、13年春に就任した韓国朴槿恵《パククネ》大統領は、李明博大統領を受け継いで、慰安婦問題の解決を強く迫った。日韓の運動団体、全国行動と挺対協は14年6月、第12回アジア連帯会議の決議として、河野談話の継承発展による解決、事実認識に立つ謝罪と「謝罪の証としての賠償」を内容とする新しい解決案を日本政府に提起した。法的責任論に基づく要求項目は引き下げられた。朴槿恵大統領は米国のオバマ大統領の支持をたよりにして、首脳会談拒否をもって安倍政府に圧力をくわえた。ついに2015年12月28日、安倍首相の回答がえられた。これが岸田外相と尹炳世《ユンビョンセ》外務部長官の会談での合意である。日本の首相は、政府の責任を認めて、謝罪し、国庫より10億円を支出し、被害者の名誉回復と心身の傷の治癒のために差し出した。これはアジア女性基金を越える解決案であった。だが、この内容を伝達する形式、外相会談の記者会見発表は韓国の被害者を満足させず、かつ韓国の国民感情を傷つける追加的取り決めも反発をよんだ。

韓国側には冷静な判断が求められ、日本側には首相の謝罪を文書で伝える等の追加的努力が必要とされた。しかし、双方に判断と努力がたりなかった。この合意も朴槿恵大統領の失政の代表例として責任を追及され、16年には大統領は、キャンドル革命で職を追われることになった。代わって国民的な支持をえて大統領となった文在寅《ムンジェイン》政権にあって、合意は凍結封印された。そのことが2019年からの日韓対立状態の一要因となったまま、今日にいたっている。

現在の日韓関係の深刻化の中で慰安婦問題はもはや中心問題ではない。にわかに注目を浴びるにいたった、いわゆる「徴用工問題」、戦時強制動員労働者の問題と比べれば、そのことはすぐにわかることである。だが、慰安婦問題はやはり基本問題のままである。30

年間も日韓両国の政府，国民が解決のために努力してきたのに、到達された政府間合意は無意味なものとして拒否されたままであるということは、日韓間の歴史問題は解決不能だということを思い知らせていることなのである。だから、慰安婦問題の解決ということを考えることは日韓関係の改善のために重要なのである。

私は、1995年にアジア女性基金に参加して以来、慰安婦問題の解決のために努力を続けてきた。アジア女性基金の基本的な文書、パンフレットなどの作成に関わり、呼びかけ人、運営審議会委員、資料委員会委員、理事をつとめ、最後の二年間（2015－17年）は専務理事、事務局長であった。基金が解散後にのこしたデジタル記念館「慰安婦問題とアジア女性基金」の製作責任者でもある。私はアジア女性基金について二冊の本、『慰安婦問題の解決のために——アジア女性基金の経験から』（平凡社新書、2015年、韓国語版、ソウル、歴史空間、2016年）と『アジア女性基金と慰安婦問題——回想と検証』（明石書店、2016年）を書いた。アジア女性基金解散後には、私は2012年、「全国行動2010」の花房提案を支持し、2014年からは第12回アジア連帯会議決議を支持して、日韓両政府が問題解決の合意に到達できるように努力した。

もとより私ができたことは、合意はかならずなされると確信して、その旨を雑誌に書くだけであった。本書の第一論文は、２０１５年11月2日の日韓首脳会談のあとに、どういう合意がなされなければならないかを論じて、12月はじめに出た『世界』２０１６年1月号に発表したものである。12月28日の合意がなされたあとには、合意をどのようにみるべきかを大いに悩みながら、論じた。合意の評価すべき点を指摘しながら、どのような追加措置をとることが必要かを考えた第二論文は、『世界』２０１６年4月号に掲載された。合意の発表のままでいいから、安倍総理の名前で謝罪の手紙を出してもらいたいと願ったのだが、それも実現させることはできなかった。

２０１５年合意は韓国では全面的に否定的にうけとられ、日本の中でも否定論が広がった。韓国では、朴槿恵大統領に対するキャンドル革命が２０１６年秋におこり、翌年には文在寅新大統領が誕生する。日本では安倍政権がつづいた。17年には米朝の対立が高まり、核戦争の脅威が現れた。慰安婦問題どころではない状況であった。２０１８年に入って、米朝対立を転換させようとした文大統領の努力が功を奏し、米朝首脳会談がひらかれるにいたった。その中で慰安婦問題に関する合意をどのように処理するかについては、文大統領は失敗した。合意に対する国民的な批判がどれほど強くとも、合意がなされ、日本政府が差し出した10億円から被害者生存者の75％の人々に1億ウォンの支払いがなされた以上、大韓民国大統領としては、これを承認して引き受ける他ないのである。そうしないから、慰安婦問題はどうなってしまったのか、まるで分らない奇妙な凍結状態に立ち至ったのである。

私は2018年末に尊敬する李元徳《イウォンドク》教授に招かれて、国民大学日本問題研究所で報告をするさい、慰安婦問題解決のために30年間韓国と日本でおこなわれてきた運動と政府のうごきを総括する試みをやってみた。それが本書収録の第Ⅲ論文である。日本問題研究所の雑誌『日本空間』24号に韓国語で掲載されたものを原稿から収録したのである。ここで私は尹美香《ユンミヒャン》氏とともに期待をもった時期のことについてはじめて書いたのだが、そのときはこのままあいまいな結末に終わるのかとあきらめざるをえない心境だった。

だが2019年1月、安倍首相は韓国無視、韓国敵視の姿勢をはっきりとみせ、日韓関係は対立状態に陥った。私は、春2月には、声明「村山談話、菅総理談話に基づき、植民地支配を反省謝罪することこそ日韓・日朝関係を続け、発展させる鍵である」を20人で発起し、知識人226人の署名で発表し、初夏七月には声明「韓国は『敵』なのか」を同志の人々と発起してネット上で発表し、9500人ほどの賛同をえた。「韓国は『敵』なのか」という声はさすがに力をもったのか、安倍氏の韓国公然敵視の表明はかろうじておしとどめられた。安倍首相は２０２０年10月４日の国会の所信演説では、韓国は「重要な隣国」だと言わざるをえなくなったのである。

この日韓対立の事態について、安倍晋三という政治家の登場から振り返って考えてみたのが、第Ⅳ論文である。２０１９年10月２日、日本記者クラブでの講演である。

２０２０年に入ると、われわれは新型コロナ・ウィルスの世界的感染拡大の波にのみこまれた。中国の武漢市民のがんばり、韓国政府のＰＣＲ検査の驚異の実施などにふれ、近隣諸国との団結協力の必要性をみなが意識しはじめた。だが、その中でも政府レベルでの日韓の対立は克服される気配がない。それでも度重なる失政の影響で、長期政権、安倍内閣も不支持率が支持率を上回るにいたった。安倍政権退陣の時はすでに遠くない。安倍首相が退陣すれば、日韓関係と日朝関係は改善の方向に向かわなければならない。そのときは、慰安婦問題をとりだして、はっきりと解決することからはじめなければならない。

ときあたかも5月には、慰安婦被害者ハルモニの最後の代表者李容洙《イヨンス》氏の記者会見が波紋をよび、韓国内で慰安婦問題解決の運動について議論が生まれた。ハルモニの問題提起が生産的な議論を生んでほしいと願っている。あらためて出された問題にこたえて、いまいちど合意問題を考えてみたのが第V論文である。

補論として、2019年12月にソウルでおこなった報告「慰安婦を定義する」と、2020年春に書いた『反日種族主義』への批判を収めた。

本書が、現在の日韓関係の行き詰まり状態を解明し、そこからの出口を考える助けになれば、幸いである。

二〇二〇年八月

和田　春樹

Ⅰ　慰安婦問題の解決は可能か

はじめに

2015年11月2日、ついに日韓首相会談がソウルで開かれた。慰安婦問題の年内解決をもとめ、慰安婦被害者がうけいれることができ、韓国の国民が納得できるレベルの解決をのぞんでいる朴槿恵《パククネ》大統領に対して、安倍首相は、将来世代に障害をのこすことがないように、「できるだけ早期の妥結をめざして交渉を加速させることで一致した」と発表した。これは長い間待たれていた画期的な展開であり、決定的な転換であった。しかるに、日本でも、韓国でも、この首脳会談の内容について懐疑的な報道が多く行われ、人々の気分も半信半疑である。

あらためて、ここにいたった過程を検証し、生起した事態がいかなるものか、診断し、いま問われていることは何かを見てみよう。

1　首脳会談までの道のり

いまから見れば、それは予言的な集会であった。2015年春は、安倍首相が慰安婦問題の解決を求める韓国朴槿恵大統領に対してどのようにこたえるのかはまったくわからなかった。その中で、「慰安婦」問題解決全国行動が4月23日、国会議員会館でシンポジウム〈「慰安婦」問題、解決は可能だ〉を開催し、梁澄子《ヤンチンジャ》、尹美香《ユンミヒャン》、和田春樹の三人が2014年6月に出された第12回「慰安婦」問題解決アジア連帯会議の解決案のために、大いに主張したのである。私は発言の最後に次のように述べた。

「いまは朴大統領が安倍首相と会う機会に、『河野談話を継承するのであれば、一緒に慰安婦被害者に何ができるか考えましょう。一緒に問題を解決しましょう』とよびかけて、安倍首相から、『やりましょう、考えます』という答えをうることが重要です。それがあれば、アジア連帯会議2014年6月提案を中心に討論の輪をひろげ、……日韓双方の国内でも、積み重ねて、一つの解決案をおしだして、外交交渉にのせることができます。」

5日後、4月28日、安倍首相はワシントンでオバマ大統領との首脳会談を行い、その後の記者会見で、記者に慰安婦問題への謝罪を訊かれたさい、次のように答えた。

「慰安婦問題については、人身売買の犠牲となった、筆舌に尽くしがたい、つらい思いをされた方々のことを思い、非常に心が痛む。この点については、歴代の総理と変わりがない。河野談話は継承し、見直すつもりはない。このような観点から、日本は慰安婦の方々の現実的救済の観点から様々な努力を行ってきた。20世紀には、一度紛争が起こると、女性の名誉と尊厳が深く傷つけられた歴史があった。」

「私は、昨年の国連総会で、紛争下での性的暴力をなくすため、日本は国際社会の先頭に立ってリードしていくと約束した。ＵＮ Ｗｏｍａｎをはじめとする国際的枠組みに対し、２０１４年には約１２００万ドルの協力を行い、２０１５年には約２２００万ドルの協力を決定した。」

このことは第二期の安倍首相が慰安婦問題について反省的な表明をおこなった最初の発言であり、明らかにアメリカ政府からの度重なる要請に対して、前向きの姿勢を示したものであった。

6月には韓国の朴大統領が訪米することになっていたが、MERSの騒ぎで訪米はキャンセルされた。6月11日、朴大統領は、予定されていたワシントン・ポスト紙とのインタビューに応じ、慰安婦問題での日本との交渉について、驚くべき発言をした。

「安倍首相について言えば、私は彼と多くの機会に話をする機会をもってきた。慰安婦問題については相当な進展があり、われわれは交渉の最終段階にいる。だから、われわれは非常に意味深い両国の国交正常化50周年を迎えられると期待してよい。」

おどろいた記者が「進展について説明してほしい」と言うと、朴大統領は「明らかにこれは舞台裏の折衝であるので、私が交渉の要素を明らかにすれば不注意だと言われるだろう」と答えたのである。

この発言については、日本政府筋も否定的であったし、信じがたいとする見方が多かった。しかし、韓国大統領が訪問するはずであったアメリカに向けて、このような報告をする以上、何らかの折衝、進展がないはずはない。あきらかに4月以降、安倍首相と朴槿恵大統領のあいだに折衝があったと考えるのが自然である。両国の外務省のアジア局長が昨年以来定期的に会って、話をしていることは知られていたが、交渉がおこなわれていたのではないことは確認されていた。とすると、秘密の交渉をしているのは、国家安全保障会議（NSC）事務局長谷内正太郎氏と大統領秘書室長李丙琪《イビョンギ》氏ではないかという推測が成り立つ。李氏は元駐日大使、国家情報院院長を歴任した人物である。その後読売新聞に谷内、李両氏の秘密交渉を示唆する記事が載った（7月14日）。

そういう折衝があるからこそ、尹炳世《ユンビョンセ》外相の訪日が決まり、6月21日初訪日した韓国外相と岸田外相とが会談し、慰安婦問題はこれまでの対話を継続する、歴史遺産登録は相互の提案を支持する、近い時期に首脳会談の開催をめざすという合意が明らかになった。そして、6月22日には、両首脳は、両国の国交50年記念行事にそれぞれ出席するという友好的なパフォーマンスを示したのであった。

ところが、7月4〜5日に開かれたユネスコの会議で、日本の軍艦島などの世界遺産登録に関連して、韓国側が、日本政府が「強制労働」があったと認めたと言ったということで、日本政府、官邸が激怒したと言われ、以後外務省レベルでの局長協議も行われなくなった。

8月6日安倍首相の談話のために設置された21世紀構想懇談会（北岡懇談会）の報告書が発表された。この報告書の当初案には、「慰安婦に対する日本政府の一層の謝罪と補償ないし賠償のための新たな基金を日本政府が設けるよう求める趣旨の提言」が含まれていたと、懇談会のメンバー中西輝政京都大学名誉教授がのちに明らかにしている（産経新聞、

9月15日号「正論」欄)。このことは『正論』11月号でも語られている。このような提案は中西氏らの努力で削除されたというのである。しかし、このような趣旨が当初案に含まれていたとすると、すべてを安倍首相と相談して進めていたと思われる北岡氏がそうしたのは、安倍首相の意を受けてしたのだと考えることができる。すなわち、安倍首相の頭の中には、そのような解決案も浮かんでいるということがわかる。

8月14日、安倍首相は、北岡懇談会報告書をバックコーラスに使って、自らの戦後70年談話を出した。日露戦争を手放しで称揚することによって、この戦争の結果としての韓国保護国化、5年後の韓国併合、植民地化への反省を語ることを放棄したのだが、満州事変以後の国策のあやまり、戦争の道をあゆんだことへの反省は表明した。しかし、中国への侵略という表現は北岡懇談会報告書にゆだねて、自分はくりかえさなかった。その上で、安倍談話は「戦場の陰には、深く名誉と尊厳を傷つけられた女性たちがいた」、「戦時下、多くの女性たちの尊厳や名誉が深く傷つけられた過去」と二度にわたって言及し、「忘れてはならない」、「この胸に刻み続けます」と約束した。安倍首相は、明らかに米国と韓国に対して、慰安婦問題に対する努力の用意はあるとほのめかしたのである。

だからこそ、韓国政府の反応は基本的に積極的かつ建設的であった。朴槿恵大統領は8

月15日の光復節演説で、安倍談話には「残念な部分が少なくない」と言いながらも、歴代内閣の談話の継承を述べている点に注目して、今後は「誠意ある行動」が必要だと述べ、慰安婦問題の早期解決を求めたのである。

9月2日、朴槿恵大統領は、米国からの牽制をおしかえして、北京の対日戦勝70年記念行事に参加し、軍事パレードもみた。韓国大統領は異例の手厚い待遇をうけた。そのさい朴槿恵大統領は習近平主席からソウルでの日中韓三国首脳会談開催への合意を獲得した。この三国首脳会談のさいに日韓首脳会談を開催することによって、米国にくわえて、中国の支援もうけて、安倍首相に最後の圧力を加える舞台を用意したのである。

10月13日、朴大統領は訪米し、まず国連総会で演説した。その中でも、はっきりと慰安婦問題の解決をもとめた。「本年は女性、平和と安全保障に関する国連安保理決議第1325号の採択から15年目にあたります。国際社会は紛争時における女性に対する性暴力により大きな関心を払うことにより、この機会に正しく行動すべきです。もっともさしせまった理由は、第二次大戦時の野蛮な性暴力の被害者のうち少数者のみが今日生存しているにすぎないことです。被害者が生存している間に、彼女たちの心に癒しをもたらしうる解決策が早急に工夫されなければなりません。」朴大統領はオバマ大統領との共同記者会見では慰安婦問題にふれなかった。オバマ大統領も歴史問題の解決が必要だと述べただけであった。しかし、ワシントンから発された米韓のメッセージはきわめて明確であった。

ついに10月17日になると、日韓首脳会談が日韓中三国首脳会談につづいて開催されることが明らかになった。日本政府は朴槿恵大統領の前提条件をのんで首脳会談をおこなうのではないと誇示するために、ことさら慰安婦問題は解決済みであるかのような発言をおこなった。

10月21日、慰安婦問題解決の決断を安倍首相に求める女性たちの緊急声明が上野千鶴子、山崎朋子、高橋広子、重藤都氏らによって発表された。韓国聯合通信は、「日本女性1500人が来月1日開かれることになった韓日首脳会談を前にして、安倍晋三総理に軍慰安婦問題解決を促す緊急声明を発表した」と報道した。

同じ日、朝日新聞デジタル版に日韓議連幹事長の河村健夫氏のインタビューが掲載された。河村氏は、首脳会談で慰安婦問題解決に向け努力すると確認すべきだと述べ、具体的な日本側の努力として、アジア女性基金解散後のフォローアップ事業の拡充を提案した。外務省は2007年の基金解散後、毎年1000万円から1500万円の予算をとり、韓国台湾など基金事業をうけとった被害者を中心に見舞いや慰めなどの活動をつづけている。この予算を拡充して、慰安婦被害者に何かすることを考えるべきではないかというのである。しかし、このあまりに消極的な提案に対しても、菅官房長官は翌日、それは河村氏の個人意見であり、政府としては問題は「解決ずみ」だと語ったのである（産経10月22日）。

10月23日には、東亜日報が東京特派員の記事をのせた。そこには、首脳会談にむけて、「日本政府が……日本軍慰安婦問題解決方案を内部的につくったことが明らかになった。日本政府が直接予算を投入して政府主導の基金をつくるのが核心である」と書かれていた。アジア女性基金が解散したときにのこったカネがある、それに政府の予算を追加して、あらたに3億円以上の基金をつくるという計画だということ、さらに「責任」問題と関連して、「二重的な解釈が可能な表現を使用することが明らかになった」ということが書かれていた。運動団体が要求する「法的責任」という表現も、日本政府が主張する「道義的責任」という表現もやめて、「政府が責任を感じて」などの表現を使用することが考えられているというのである。この記事は、「複数の日韓高位外交消息通」から取材した結果だと書かれていた。

まず、アジア女性基金が解散したときに残ったカネということだが、アジア女性基金には、政府から拠出金と補助金の二種類のカネが出ていた。拠出金は、医療福祉事業につかう資金として、13億3059万円があたえられた。このうち医療福祉支援として韓国、台湾、フィリピン、オランダ、インドネシアに11億2900万円以上が使われ、のこった1億7800万円が政府に返還されたのである。そのカネを使うということは政府支出の財源を説明する論理として使いうるということかもしれない。また「法的責任」と「道義的責任」を語らず、ただ「責任」と言うべきだという考えは、野田政権の時代の解決策論議の中で押し出されていたものである。とすれば、外務省のまわりで解決案が考えられるときに、このような考えが漂っているということはありえないことではない。

このような考えがあるという記事がここで出るということは、リーク元の考えとすれば、首脳会談では日本政府は何もしないという方向の観測ばかりがつづいているところで、印象を変える必要があるということかもしれない。

この段階で、私はハンギョレ紙のインタビューに応じて、「両首脳が志を共にすれば慰安婦問題は解決できる」と述べた。これは10月28日号に掲載された。村山富市元首相は、10月29日、韓国政府が主催した「グローバル・ピース・フォーラム」に招かれ、「慰安婦問題を解決するための韓日外交当局間の交渉を正式に考慮する時」だとし、「日本政府がさらに努力しなければならない」と発言した（中央日報、聯合通信など、10月30日報道）。

10月30日には、朴槿恵大統領の書面によるインタビューが朝日新聞と毎日新聞に載った。大統領は、慰安婦問題について「今年中にこの問題が妥結することを心から望む」と強調、「日本政府が、被害者が受け入れ、我が国民が納得できる解決策をできるだけ早く示すことが重要だ」と述べた。これは実に見事な外交の布石であった。解決案の内容の説明もきわめて適切である。

10月末ソウルに中国の習近平国家主席と日本の安倍首相がやって来た。そして10月31日、まず韓中首脳会談がひらかれた。そして、11月1日、韓中日の三国首脳会談がひらかれた。習近平主席は歴史問題の重要性を強調して、安倍首相に圧力をくわえたのである。

こういう流れの結果、日韓首脳会談の開催にいたる以上、安倍首相が朴槿恵大統領の要望を受け入れる以外の帰結はありえなかったのである。

日韓首脳会談は、11月2日に開催された。この開催の形式もきわめて興味深いものがある。まず冒頭1時間は少人数の会合が行われた。双方4人ずつである。日本側は安倍首相、岸田外相、谷内NSC事務局長、荻生田官房副長官である。韓国側は朴槿恵大統領、尹炳世外相、李丙琪秘書室長、金奎顕《キムギュヒョン》外交安保首席秘書官であった。ここで谷内、李丙琪という首脳の密使として秘密交渉をしていたとみられる二人が出たことから、実質的な話し合いが首脳をふくめておこなわれたということがうかがえる。ここで「早期妥結」への実質的な合意ができたと考えられる。

そして日本側では、10月8日の内閣改造で総理特別補佐官から官房副長官に抜擢されたばかりの荻生田光一氏がこの会合に出席したことが、もっとも注目される点である。この人物は明らかなる歴史修正主義者であり、河野談話にも否定的であるとみられていた。この人物をこの少人数の会合に参加させたということは、この席での合意に連帯責任をもたせるということであろう。２００２年の日朝平壌首脳会談のさいの小泉首相の立場に安倍氏が立ち、安倍官房副長官の立場に荻生田氏が立っているのである。

2　解決案が問題である

現在の問題は解決案を日本側が提案することである。安倍首相はそれを事前に韓国側に伝えて、承認をえて、次の日韓首脳会談の席上発表するのである。解決案を求める共通の前提の第一は河野官房長官談話である。日本政府の検証報告書に示されたとおり、この談話は韓国側にも示され、その意見も取り入れてまとめられたものであり、この談話を今日の解決案づくりの基礎におくことに両国政府も異論はないであろう。前提の第二とならねばならないのは、日本政府が慰安婦問題の解決のために設置したアジア女性基金13年の事業の評価である。アジア女性基金では慰安婦問題を解決できなかったという事実を認める点では異論はないと思われるが、事業自体の評価では日韓の間に一致がない。日本の中でも一致がない。しかし、日本政府としては、アジア女性基金の事業をおこなったという事実から出発して、新たな解決に向かう他ないのである。だから、日本政府のアジア女性基金認識は検討されなければならない。

解決のための韓国政府の条件は、朴槿恵大統領が明確にしている二つである。第一が、「被害者が受け入れ、韓国国民が納得できる」案であること、第二が、年内妥結すること、速やかな妥結である。これに対して日本政府が出している条件を総合的に考えてみると、第一は、日韓条約時の協定で請求権問題は「解決済み」だとなっているので、法的責任という文言、論理を使うことはできないということである。第二は、韓半島から女性たちを慰安所につれていくにあたって、いわゆる「強制連行」方式がつかわれたことを示す文書資料はないということである。第三は、ここで妥結すれば、大使館前の少女像などを移動、撤去するなど、韓国側からも措置をとってほしいということである。

両者の条件は、食い違っているように見えるが、韓国側の第一条件と日本側の第三条件は実質的には食い違わない。挺対協は1992年1月8日から日本大使館の前で水曜デモをはじめて、以来23年間、毎週つづけ、すでに1000回をこえている。被害者も加わるこのデモは慰安婦問題の解決をもとめてなされているものであり、目的を達成すれば、このような大変な行動は直ちに終えられるのは当然である。少女像はデモが1000回になった時点で建てられたものであり、水曜デモが終われば、しかるべきところに移されるのは当然であろう。だから、被害者が受け入れ、国民が納得できる案が提示され、妥結にいたれば、日本側の第三条件は当然みたされるのである。

では、解決案として出されているものを検討してみよう。

アジア女性基金は、戦争犠牲者に対する補償の法的な義務が消滅しているという日本国家の方針にもかかわらず、慰安婦犠牲者に対しては謝罪と償い（atonement, 贖罪）を届ける事業をおこなわなければならないという政府の決定に基づいて設立された。自由民主党文書「日本の名誉と信頼を回復するための提言」（2015年7月28日）が言うように、「元慰安婦の人道的・現実救済の観点から設立された」ものではない。

アジア女性基金は、総理のお詫びの手紙につけて、慰安婦被害者に200万円の「償い金」

をわたすと決定した。この「償い金」に政府の支出金を入れることは許されないので、国民からの募金でまかなうことを明言した。そのため、韓国では、政府の謝罪が誠実なものとは思えないとして、強い反発をうけた。基金はさらに政府資金により被害者に医療福祉支援をおこなうことを決定したが、韓国台湾では、事業主体を獲得することができないので、被害者に300万円を現金で支給することになった。だが、当初の説明がつくり出した印象をやぶることができず、韓国60人、台湾13人が事業をうけいれたにとどまった。登録被害者の3分の1程度である。したがって、韓国では、アジア女性基金は事業をやりおえてはいないのであるからして、違った形で謝罪と償いの措置がとられる必要があるのである。

アジア女性基金は韓国では失敗した事業であったのだから、同じことを繰り返すのでは、前進はえられない。新たな努力は、被害者が受け入れうる、韓国国民が納得できる形のものでなければならない。

2011年民主党野田政権時代に慰安婦問題が再燃した。2011年12月の京都の日韓首脳会談のさい、李明博《イミョンバク》大統領の強い要請に対して、野田首相が人道的見地から何かできないか、智恵を出すと述べたのが、始まりだった。翌12年2月に佐々江外務次官が訪韓して、その名が冠されている解決案を提示した。人道的な見地から、謝罪の言葉と政府からの支援金の支払いを出すというような案であったようだ。これは韓国側に拒まれた。人道支援では、韓国は受け付けないのである。その後斎藤勁官房副長官があらたな案をもって、訪韓したが、基本的に佐々江案と違いがなかったので、これも拒まれることとなった。

ちょうどこのとき、日本の運動体の連合体、「全国行動2010」の共同代表花房俊雄氏の名で、解決案の骨子が機関紙にのせられた。「被害者のこころにひびく謝罪」と「国庫からの償い金の支給」、それに「人道支援」は禁句であるというのが3本柱になっていた。これは運動体の側からの決定的にあたらしい提案であった。この提案を挺対協はどのように考えていたのかがわからなかったのだが、私はこの提案を民主党政府にとりついだ。その結果、斎藤官房副長官のもとで、あたらしい提案がまとめられたのである。

2012年10月28日、李大統領の代理人李東官《イドングアン》大使と斎藤勁官房副長官が会談をし、合意した。その内容は、①日韓首脳会談で協議し、合意内容を首脳会談共同コミュニケで発表する、②日本首相が新しい謝罪文を読み上げる、従来は「道義的責任を痛感」すると述べていたが、「道義的」をのぞき、国、政府の責任を認める文言にする、③大使が被害者を訪問して、首相の謝罪文と謝罪金をお渡しする、④第三次日韓歴史共同研究委員会を立ち上げ、その中に慰安婦問題小委員会を設けて共同で研究を行うように委嘱する、の４項目であった。

この案は李明博大統領の了解はとりつけられていたとのことであるが、野田首相は斎藤副長官の報告に対して、この案の受け入れに踏み切ることができなかったようである。そのためこの案は流れてしまったのである。

その後安倍内閣が成立し、ついで朴槿恵大統領の登場があって、日韓両政府が慰安婦問題でにらみ合う中で、慰安婦問題解決のために運動をつづけてきた日本の運動の連合体と挺対協が討議した結果、２０１４年６月、第12回慰安婦問題解決アジア連帯会議の決定として、慰安婦問題の解決案が提示されたのである。

２０１２年2月の花房提案は日本の運動体の新しい提案であったが、こちらは日本と韓国の運動体との合意にもとづく解決案として出されたところが特徴である。そこで明らかにされている解決案とは、「被害当事者が受け入れられる解決策」のことであり、それは謝罪と「謝罪が真摯なものであると信じられる後続措置」の二つからならなければならないとしている。謝罪は、加害行為を説明し、その「責任を認める」ことを明らかにすることであるとされている。

総じて、この提案の土台は河野談話におかれており、日本政府が「河野談話」を「継承・発展」させて、措置を講じることを求めている。

謝罪の内容としては、次の4点が含められるべきだと指摘されている。①慰安所を日本政府と軍がつくったこと、②女性たちが本人たちの意に反して、「慰安婦・性奴隷」にされ、「慰安所」等において強制的な状況の下におかれたこと、③被害者も植民地や占領地の女性、日本の女性たちではそれぞれに異なる被害をうけたが、総じて被害が甚大であったこと、④おこされたことは女性に対する重大な人権侵害であったこと。

ここには法的責任を認めよという表現は含められていない。法的責任を認めよと主張してきた運動団体としては、自分たちの法的責任を認めよという主張を言い換えれば、この4点の加害事実を認めよということにひとしいのだと説明している。

この4点は、日本政府は河野談話とその後アジア女性基金の事業の中で打ち出された認識によって、全面的に認めている。周知のように、河野談話は、慰安所について、「当時の軍当局の要請で設営された」と述べており、「軍の関与の下に」女性の名誉と尊厳を傷つけたとしている。アジア女性基金は、河野談話以後に政府が発表した警察庁資料を重視して、軍が慰安所をつくったことを確認していた。そこで、アジア女性基金の事業の前提とされたのは、慰安婦についての定義であった。それは、「いわゆる『従軍慰安婦』とは、かっての戦争の時代に、一定期間日本軍の慰安所等に集められ、将兵に性的な奉仕を強いられた女性たちのことです」というものである。この定義は韓国、台湾、フィリピン、オランダの被害者の異なった被害の態様を考えて、まとめられた。この定義を謝罪文に加え、これまでの総理の謝罪文につなげて、文章をととのえれば、求められている4項目はすべて反映されることになるのである。

「謝罪が真摯なものであると信じられる後続措置」としては、4項目があげられているが、①「明確で公式な方法で謝罪すること」は、首脳会談で首相が表明し、首脳会談のコミュニケに収録するという方策が民主党時代に考えられたところである。

②「謝罪の証として被害者に賠償すること」は、これまで主張されてきた「法的賠償」という言葉に代えて押し出されているもので、謝罪のしるしとしての「賠償」とは、国庫資金による金銭的な支払いという意味以上のものではない。明確に拒絶されているのは、日本政府が人道的な見地からの支援金を支給するという説明をすることである。アジア女性基金を拒絶して、20年生きてこられた人々である。このような説明は被害者を侮辱するものである。さらに③真相究明と④再発防止措置が挙げられているが、これは政府の措置

というより、国民の努力に属すると言えるように思う。

3　安倍首相は決断しなければならない。

安倍首相が慰安婦問題で韓国との妥結を求めるとすると、解決策の選択の幅はきわめて狭いといわざるをえない。えらびとられるべきオプションはすでにほぼ決まっていると言っていい。解決することを望むなら、安倍首相はその道に進まねばならないのである。しかし、首脳会談の前後も、それ以後も、安倍政権は解決に向かって前進するという決意も表明せず、熱意も感じさせていない。

それはひとえに政府部内、自民党内、メディアや社会の空気の中に、安倍首相が慰安婦問題の解決に向かって前進するのを好まない気分、勢力、動きがあり、安倍首相が慰安婦問題の解決に向かって進めば、年来の支持勢力に対して背信をはたらくものとの攻撃をうけることを恐れているからである。

しかし、日本国の首相であるかぎり、安倍氏は、慰安婦問題の解決に向かって前進しなければならない。朴槿恵大統領との合意を無にし、約束を破ってはならない。韓国との関係正常化、友好協力の関係は東北アジアの国家としての日本にとって、至上課題であるはずだ。来年5月には、東京で日韓中の三国首脳会談を開催することが約束されている。朴槿恵大統領との約束をそれまでにはかならずはたさなければならない。

（「問われる慰安婦問題解決案──日韓首脳会談以後を展望する」という題名で『世界』二〇一六年一月号に掲載）

Ⅱ　日韓外相会談による合意について考える

1　2015年年末のソウル

2015年12月22日、私はソウルを訪れた。東北アジア歴史財団の研究会で慰安婦問題の解決について話をするためだった。翌日の研究会で、私は、『世界』新年号に書いた論文（本書論文Ⅰ）の内容をほぼそのまま話した。集まった人々の中にも、はたして安倍首相が朴槿恵大統領の求めに応じて解決策をだすかどうか、不安を感じている人も少なくなかったようであった。しかし、韓国外務部は1月には妥結したいと希望しているということが語られた。

問題は解決案の中身、安倍首相の謝罪の言葉である。私はそのことについて民間での議論がまったくなされていないことに不安を感じていた。そこで、この席で私は、望まれる安倍首相の謝罪の言葉の文案について論じた。

さて23日の午後に私は挺対協の事務所を訪れて、尹美香代表と会った。尹氏は解決を強く望んでおり、確信ももっていた。韓国外務部との話し合いはどうかと訊くと、尹氏は、外務部からは局長会談の内容を聞いていない、内容があなた方の主張と隔たりが大きいので、もう少し狭まったら、話をすると言われているとの答えだった。解決は2月中がいいと思うと彼女は付け加えた。

これだけながく未解決であった問題に、いよいよひとまず終止符が打たれる時がくるという願いは共通のものであることを確信して、私は事務所を去った。

2　12月28日の衝撃

私は24日に帰国した。ここで急変がおこった。翌25日の朝刊各紙は安倍首相の指示で、岸田外相が訪韓して尹炳世外務部長官と会談することを電撃的に報じた。

ソウルの首脳会談から帰って、ただちに年内妥結は難しいと語ったのは安倍首相本人であった。妥結には進まない、日韓間の交渉は原則で対立して、進展がないということばかりが報道されてきた。それが首相の戦術であったのである。この年末で一挙に解決へ飛び込むとすれば、皆が驚き、受け入れてくれるだろう、日本国内の右派世論の操縦にも有利だと見ているのだろう。明らかにこのやり方は安倍首相の奇襲攻撃だと思われた。しかし、まだ私は、28日に決まった外相会談で解決が図られるとは思っていなかった。そんなに簡単に合意が成立するはずはないと考えていたのである。

だが、28日の外相会談のあとの記者会見にいたり、結果が明らかとなった。外相会談の共同コミュニケの発表ではなく、両外相のそれぞれの口頭発表という形であった。日本では、朝日新聞が録音を起こして、29日の紙面に掲載したものがある。以下に引用する。

[岸田外相]

(1) 慰安婦問題は、当時の軍の関与の下に、多数の女性の名誉と尊厳を深く傷つけた問題であり、かかる観点から日本政府は責任を痛感している。

安倍内閣総理大臣は、日本国の総理大臣として、改めて慰安婦として、数多の苦痛を経験され、心身にわたり癒しがたい傷を負われた全ての方々に対し、心からのおわびと反省の気持ちを表明する。

（2）日本政府は、これまでも本問題に真摯に取り組んできたところ、その経験に立って、今般、日本政府の予算により、全ての元慰安婦の方々の心の傷を癒やす措置を講じる。

具体的には、韓国政府が、元慰安婦の方々の支援を目的とした財団を設立し、これに日本政府の予算で資金を一括で拠出し、日韓両政府が協力し、全ての元慰安婦の方々の名誉と尊厳の回復、心の傷の癒やしのための事業を行うこととする。

（3）日本政府は上記を表明するとともに、これらの措置を着実に実施するとの前提で、今回の発表により、この問題が最終的かつ不可逆的に解決されることを確認する。

あわせて日本政府は、韓国政府とともに、国連など国際社会において互いに非難・批判することは控える。

なお、（2）の予算措置については、規模はおおむね10億円程度となった。以上については、日韓両首脳の指示にもとづいて行ってきた協議の結果であり、これをもって日韓関係が新時代に入ることを確信している。

［尹・外務部長官］

（1）韓国政府は、日本政府の表明と今回の発表までの取組を評価し、日本政府が、表明した措置が着実に実施されるとの前提で、今回の発表により、日本政府と共に、この問題が最終的かつ不可逆的に解決されることを確認する。韓国政府は、日本政府の実施する措置に協力する。

（2）韓国政府は、日本政府が在韓国日本大使館前の少女像に対し、公館の安寧・威厳の維持の観点から懸念していることを認知し、韓国政府としても、可能な対応方向について関連団体との協議を行う等を通じて、適切に解決されるよう努力する。

（3）韓国政府は、今般日本政府が表明した措置が着実に実施されるとの前提で、日本政府と共に、今後、国連等国際社会において、本問題について互いに非難、批判することは控える。

国交正常化50年の今年中に岸田外相とこれまでの交渉に終止符を打ち、この場で交渉妥結を宣言できることをうれしく思う。今回の合意のフォローアップ措置が着実な形で履行され、辛酸をなめられた元慰安婦の方々の名誉と尊厳が回復され、心の傷がいやされることを心から祈念する。（以下1パラグラフ略）」

この内容は、韓国外務部のホームページに「韓日外交長官会談共同記者会見発表内容」として収録されているものと、ほぼ完全に一致している。ところが、日本外務省のホームページの「日韓両外相会談」の説明とは、微妙な食い違いをみせている。そこでは、岸田外相の第（3）項の「これらの措置を着実に実施するとの前提で」という一句が「上記（2）の措置を着実に実施するとの前提で」と修正されている。さらに、「なお、（2）の予算措置については、規模はおおむね10億円程度となった」とはじまるパラグラフが岸田外相の発表の項から除かれ、尹外務部長官の発表の中の第2項に移されている。文言としては、「以上については、日韓両首脳の指示にもとづいて行ってきた協議の結果であり、これをもって日韓関係が新時代に入ることを確信している」という部分が完全に抹消されている。このような加工はどうしてなされたのか。

日本外務省のホームページには、以上の文書とは別に、「日韓両外相共同記者発表」なる文書が収録されている。それは先の当日の口頭発表の主要部分をそれぞれ3項ずつ盛り込んだものである。この文書は韓国外務部のホームページにも収録されている。そこでもっとも重要な点は、10億円の拠出についての岸田外相の発表が消されていることである。

この文書が今日では日韓外相会談の合意文書であるかのように取り扱われている。

これほどに待ち望まれてきた日韓両政府の合意を示すのに、外相会談の共同コミュニケさえつくらず、両外相の口頭発表をのちには恣意的に修正してホームページにのせたり、発表後にさながら合意文書であるかのような文書を両国外交機関のホームページに同時に出したりするという手品のようなやり方は異常であることを指摘したい。

3　合意の内容

①安倍首相の謝罪は終わっていない

第一項は、謝罪に関する項である。その前半、「慰安婦問題は、当時の軍の関与の下に、多数の女性の名誉と尊厳を深く傷つけた問題であり」は、かってアジア女性基金の事業のさい、償い事業をうける被害者一人一人に送られた「総理のお詫びの手紙」の表現をくりかえしたものである。その意味で、この間運動団体が望んだ被害事実の認定を含めることはまったく受け入れられていない。ただし、この部分につづけて、「かかる観点から、日本政府は責任を痛感している」という一句を入れ、「道義的な責任」という表現を削除したことは重要な前進である。韓国政府がねばり強く交渉し、この部分を獲得したことは評価されるべきことである。

だが安倍首相のお詫びの意志を岸田外相が韓国外相に伝え、記者会見で発表したとしても、首相の謝罪の表明はいまだ完成しておらず、いかなる公式文書にもなっていないのである。周知のように安倍首相は、外相会談の合意の発表を受けて、28日夜に朴槿恵大統領と電話で会談し、謝罪の意を伝えている。日本外務省のホームページによれば、安倍首相は「日本国の内閣総理大臣として改めて、慰安婦として数多の苦痛を経験され、心身に癒しがたい傷を負われた全ての方々に対し、心からお詫びと反省の気持ちを表明した」だけで、「日本政府は責任を痛感している」という趣旨は伝えられていないとみえる。韓国では、この電話会談の録音を公開せよという運動があるようであるが、安倍首相が謝罪を直接表明したのは、この電話会談だけであるので、このような要求が出たのは当然だ。

安倍首相は28日にも、それ以降も、この合意について正式の記者会見をおこなうことはなく、いわゆる官邸でのぶらさがりでの記者団への発言をおこなっただけである。読売新聞によれば、そこでも大統領との電話会談で、「合意を確認した」と述べ、つづけて「8月の談話で申し上げた通り、我々は従来、歴代内閣が表明してきた通りの反省とお詫びの気持ちを表明してきた。その思いは今後も揺るぎはしない」と述べたにすぎない。この言い方は以後の国会での答弁でも変わらなかった。安倍首相は、岸田外相が発表した政府の立場、安倍首相の謝罪の意志をそのままの表現で述べたのみで、自分の肉声、自分の名前ではいまだ一切正式には発表していないはずである。

だから今回の合意は、外務省のホームページにのみ掲載され、首相官邸のホームページにはまったく掲載されていない。安倍首相と朴大統領の電話会談も、官邸のホームページに掲載されていない。これでは安倍首相の謝罪は、首相の行為としては、実行されていないと言わざるを得ないのである。

もとより安倍首相の謝罪の内容の中心は、アジア女性基金のさいの「総理のお詫びの手紙」をくりかえしたものであり、安倍首相は橋本、小渕、森、小泉と前任の総理が署名してきた謝罪文に連署したにすぎないと言われるかも知れない。しかし、このたびは「日本政府は責任を痛感している」と、これまでは表明されていない言葉が用いられている。閣議決定か、あるいはなんらかの首相の表明がなければ、このような言葉を用いることはできないのである。

②説明されていない10億円の拠出

さて次は、日本政府の10億円の拠出である。この件の最大の問題は、日本政府の拠出の理由の説明である。運動団体は、「謝罪の証としての賠償」を求めていた。以前は「法的賠償」という表現がつかわれていたが、2014年6月のアジア連帯会議の提案では、「謝罪の証」としてのという表現が「賠償」にかぶせられていた。この場合、「賠償」はもはや法的な罰としての支払いではなく、国庫からの、政府予算からの支払いということを意味するだけである。

このたびの発表では、「元慰安婦の方々の心の傷を癒す措置を講ずる」という表現が使われ、政府がしばしば用いてきた「人道的な措置」という表現が使われなかったことは評価される。だが同時にアジア女性基金において使われてきた「償い」の措置、英語ではatonement（「贖罪」）の措置という表現も使われていない。結果として、10億円拠出の理由の説明が不足している。第二項の措置が第一項の謝罪を前提にした措置であることは明らかである以上、10億円は「謝罪の証」として日本政府が差し出すものだという説明を補足することが望まれる。

アジア女性基金は、アジア女性基金事業オランダ実施委員会との間にMOU (Memorandum

of Understanding）を結び、政府資金2億５５００万円を寄託した。ＭＯＵには、「基金は『従軍慰安婦』問題に関し日本の償いの気持ちを表すために（in order to express Japan's feelings of atonement toward the "wartime comfort women" issue）、委員会が実施する……オランダ人戦争被害者の生活状況の改善を支援する事業に対し、財政的支援をおこなうものとする」と明記された。オランダ委員会が申請を受け付け、被害者の認定を行った。認定を受けた被害者はアンケートに答え、３００万円の事業金 project money とコッホ首相あての橋本首相のお詫びの手紙のコピーを受け取った。被害者の一人は次のような書簡をオランダ委員会代表に寄せている。

「私は事業金を受け取り、とてもうれしく思い、また橋本氏の書簡に大いに満足しました。あの長い歳月をへて、ついに（私の受けた被害が）ある程度認められたのです。私は感情を抑えられず、心と身体が震えました。」

これにならって考えれば、こんどは韓国政府がつくる基金が、オランダ実施委員会の役割を果たし、日本政府が差し出した10億円のうちから一定の金額を各被害者に送ることになるのであろう。しかし、そのさいも重要なのは、日本政府からの謝罪の表明、総理の手紙である。

③「最終的かつ不可逆的」の意味するもの

第三項は、「最終的かつ不可逆的に解決される」との宣言である。これは、英文では、"While stating the above, the Government of Japan confirms that this issue is resolved finally and irreversibly with this announcement on the premise that the Government will steadily implement the measures specified in (2) above."となっている。この「最終的、かつ不可逆的」というのは、米国が北朝鮮との交渉で核開発計画の放棄をもとめるのに加えた形容詞であった。つまり、同じ言葉を使うことによって、アメリカに向かって慰安婦問題が「最終的、かつ不可逆的に解決」されたと説明しているのである。そして、安倍首相がみずからの発言でくりかえし強調したことはまさにこの点であった。

このことは、このたびの日韓妥結が、アメリカ政府の承認をうることを第一の目的としてなされたものであることを物語るのであろう。だが、慰安婦問題の解決は、単なる日韓外相の共同発表によって「最終的かつ不可逆的に」なされることはありえない。

④少女像について

最後に、韓国側の第二項、少女像問題の解決については、日本側がこのことでの努力を韓国側に求めたのは、性急、かつ愚かであった。両国政府の合意した解決案が被害者に受け入れられ、世論の支持もえられるなら、挺対協は水曜デモを終えるときがきたと判断し、少女像の設置場所についてのあたらしい考えを出すはずであった。しかし、毎週の水曜デモを25年間もつづけてきた運動団体が受け入れるのは難しい解決案を出しておいて、少女像の移動にこれほど固執するのはあまりに非合理であろう。挺対協が求めていた現実的な第12回慰安婦問題解決アジア連帯会議の解決条件をもうすこしまじめに検討するのが先ではなかったかと考えるのである。

4　反応

私はこのたびの日韓合意に対して、『朝日新聞』（12月29日）に意見を出すことを求められた。私は「道義的な責任」という言葉に代えて、「政府は責任を痛感している」と言ったのを「意味ある前進」だと評価した。しかし、「今回の合意内容では、被害者にどのようにして謝罪の言葉を伝えるのかが、まったく見えてこない」として、「日本大使館の関係者が被害者を訪問し、謝罪の意を伝えて欲しい」と求めた。そうでなければ、韓国の運動団体は合意をうけいれず、水曜デモはつづき、少女像も移動させられないだろうというのが私の見通しであった。

日本の運動体は苦しみながら、現実的、建設的な態度をとった。日本軍「慰安婦」問題解決全国行動は、12月29日に声明を出した。まず「日本政府は、ようやく国家の責任を認めた。安倍政権がこれを認めたことは、四半世紀もの間、屈することなくたたかって来た日本軍『慰安婦』被害者と市民運動が勝ち取った成果である」と評価した。それから、批判的な論評を加えた上で、「総理大臣のお詫びと反省は、外相が代読、あるいは大統領に電話でお詫びするといった形ではなく、被害者が謝罪と受け止めることができる形で、改めて首相自身が公式に表明すること」を要求した。アクティヴ・ミュージアム「女たちの戦争と平和資料館」は12月31日に声明を出し、「日本政府は『責任を痛感している』と、国家の責任を明確に認めたことは率直に評価する」とした上で、「内閣総理大臣のお詫びと反省は、安倍総理大臣から、口頭または文書等の形式で、被害者に直接伝達されなければならない」と要求し、財団への拠出については、アジア女性基金と「一線を画したこと」を評価した上で、出されるお金が「謝罪（またはお詫び）の証」であることを示すことを要求した。

韓国では、挺対協のうけた衝撃が大きかったと思う。それは当然であった。すでに12月28日のうちに、挺対協を筆頭にした20の女性団体に、さらに94の市民団体が加わって、「市民団体の立場」という共同声明が出た。それは次のように述べている。このたびの合意では、「日本政府が犯罪の主体だという事実と慰安婦犯罪の不法性を明確にしていない。」安倍首相の謝罪は外相による「代読謝罪にすぎず、謝過の対象もあまりに曖昧で、『真心がこもった謝罪』とは到底受け取りがたい。」日本政府が犯罪の責任をみとめて、賠償しなければならないのに、韓国政府に財団をつくらせ、責任転嫁している。韓国政府がこの合意を慰安婦問題の「最終的かつ不可逆的な解決」とし、大使館前の「平和碑」問題を云々していることは、「屈辱的」である。このように述べて、２０１４年のアジア連帯会議の「日本政府への提案、すなわち日本政府の国家的法的責任履行がかならず実現されるよう、われわれはこれからも……正しい問題解決のための努力を一層傾注していくことを明らかにする」と主張している。

その後、日本大使館前の少女像のまわりには、人々が集まって像を守り、水曜デモにはかつてない数の人々が参加した。少女像を守れという意見が世論調査でも圧倒的な多数をしめている。もとより大統領支持の与党派は合意を支持しており、メディア、学界の一部でも合意を支持するうごきもある。そのかぎりでは、韓国の世論は慰安婦問題ではじめて分裂を示していると言えるかもしれない。

日本の中では、保守陣営の反応が重要である。安倍首相を支持してきた慰安婦問題の論客で、歴史修正主義派の代表櫻井よしこ氏は、『Ｗｉｌｌ』３月号で、「私の思いを端的に述べれば、実に悔しいというのが本音である。このままの内容では将来、後悔することになると懸念もしている」と述べている。『正論』３月号でも、「残念であり、受け入れられない」というのが本音だと繰り返している。藤岡信勝氏は外相合意を「亡国の大罪」と決めつけている（『Ｗｉｌｌ』）。西尾幹二氏は疑問点を列挙した上で、自分たち、「保守言論界は、安倍首相にさんざん利用されっぱなしできているのではないか、という認識を次第に強く持ち始めている」と言うにいたっている（『正論』）。この反応は当然である。安倍首相が日本政府の責任を痛感し、慰安婦問題で謝罪するという意志を表したからである。この陣営の人々はひとしく「ブルータスお前もか」、「われわれを裏切るのか」という気分になったのであろう。しかし、櫻井よしこ氏は、先の評価につづけて、「しかし同時に、この日韓合意は、政治・外交的に見れば、大いに評価すべきである」と述べて、安倍首相に支持を与えた。安倍首相は救われた気分であろう。だから、安倍首相は自らの謝罪をできるかぎり小さく、目立たなくさせることに必死になっているように見えるのである。

産経新聞の編集委員阿比留瑠比氏は、疑問をならべる秦郁彦氏に向かって、「今回の合意は――もちろん私にしても諸手を挙げて賛成しているわけではないし、不満はあるにせよ――おおむねこれは7対3で日本の勝ちだなと素直に思います」と述べ、「総理はもう去年の12月29日の段階で『昨日ですべて終わり。今後韓国との間では一切慰安婦の「い」の字も話さない。次に首脳会談があっても、慰安婦には触れない。これは朴大統領との電話会談で念を押したし、もう謝罪はしない』と明確に言っています」と語っている（『正論』）。阿比留氏の気持ちはわかるが、それが安倍首相の姿勢だとは考えられない。それでは日韓合意を裏切ることになってしまうからだ。

5　いま何が必要なのか

いま必要なのは、外相会談合意から出発して、安倍首相が謝罪表明を実行することである。そのためには、まず安倍総理大臣の謝罪の文書化がなされなければならない。別の観点からすれば、安倍首相が謝罪したという事実がもみ消されてしまわないように、証文をとって署名捺印してもらうということである。冒頭に引用した外相の発表の裏付けには、次のような安倍総理の謝罪文が存在していなければならない。

慰安婦問題は、当時の軍の関与の下に、多数の女性の名誉と尊厳を深く傷つけた問題であり、かかる観点から、日本政府は責任を痛感している。
私は、日本国の内閣総理大臣として、改めて慰安婦として数多の苦痛を経験され、心身にわたり癒しがたい傷を負われた全ての方々に対し、心からのおわびと反省の気持ちを表明する。

２０１５年12月28日
日本国内閣総理大臣　　安倍　晋三

この謝罪の言葉を手紙にして、韓国の被害者に伝えることが急務である。駐韓大使が生き残っている韓国人被害者全員のもとを訪問して、手紙をお渡しするのである。そのさいには、日本政府が韓国政府に10億円を寄託した趣旨がこの首相の謝罪文にあきらかであることを丁寧に説明しなければならない。なお10億円は相当な額である。生存被害者47人に3００万円づつ送るとしても、1億5０００万円を要するだけである。とすれば、この基金の過半をつかって、ソウルに日本軍慰安婦歴史記念館を日本の協力をえて、韓国政府が建設することにしたらどうであろうか。正しい歴史を明らかにし、万人がそれを知れば、被害者ハルモニの名誉と尊厳が回復され、心の傷も癒されるからである。

総理のあらたな謝罪の言葉は、文面上、すべての被害者にむけられているものであるから、それは全世界の慰安婦被害者に対して伝えられるべきものである。台湾で生き残っておられる被害者にも韓国の場合と同じことが試みられるべきであり、さらに少なくともインドネシア、中国、北朝鮮の慰安婦被害者に対しても、この趣旨が伝えられるべきである。

総理のこの謝罪の言葉が全世界に向けて正式に発信されてこそ、慰安婦問題が「最終的な、不可逆的な」解決がはかられるという表明が意味をもつ。以後安倍首相はもとよりすべての後継首相は、このたびの謝罪の表明を撤回することも、この表明の基礎となった河野談話やアジア女性基金の文書の修正を行うことはしないということである。それらの文書やこのたびの首相の表明に反するような閣僚の発言があった場合には、その閣僚は職を解かれることになるのは当然だろう。

その意味では、２月16日にはジュネーヴで女性差別撤廃条約に関連する委員会で外務省のナンバー・スリーである杉山晋輔外務審議官が日本代表団団長として発言したのは、重要な機会であった。しかし、杉山氏は冒頭ステートメントの中で慰安婦問題をとりあげながら、「長年にわたり、日韓両国間の懸案事項であった慰安婦問題に関しては」、昨年末の日韓外相会談により、「本問題は両国の間で『最終的かつ不可逆的』に解決されることが確認されました」と報告した。これが国際社会に奇異の感をあたえたのは当然である。慰安婦問題は日韓間の懸案にとどまらず、他の国にも被害者がいる世界的な問題であることを理解しない発言だからである。杉山氏は安倍総理が慰安婦問題についてあらたな謝罪を表明したと国際社会に報告しなければいけなかったのである。それが許されなかったためか、このような愚かな報告をすることになり、反発を呼ぶ結果になったのである。質疑の中で、杉山氏は、政府が発見した資料の中には軍や官憲による強制連行を確認するものはなかったとか、「性奴隷」といった表現は事実に反するとか語ったのだが、これは日韓合意以後の状況の中では慎重な準備に基づく発言とは見なせず、論評に値しない。

安倍晋三氏は、一年生議員の時から歴史修正主義的な見解をかくさず、１９９６年から河野談話批判の活動を開始して、二度目の首相職につくさいには河野談話再検証の決意を表明した人であった。その人が韓国との関係悪化の3年間を打開するために、ついに戦後70年の年末、みずからの信念を部分的にはおし殺して、日本国総理として求められる慰安婦問題についての新たな謝罪を表明することを決意したのである。とすれば、そのことを文書にして、官邸のホームページにも記録し、駐韓大使に被害者ハルモニのもとへ届けさせればいいのである。それなくしては、韓国の国民を説得できない。

（「安倍首相の謝罪は終わっていない」というタイトルで『世界』２０１６年4月号掲載）

Ⅲ　慰安婦問題解決をめざした運動についての感想
――１９９０年〜２０２０年

1　日韓歴史清算問題と慰安婦問題

日本と韓国は隣国で、協力しなければ人間らしく生きていけない間柄である。それは数千年前からそうであったし、これから数千年後もそうであろう。だが、そういう二つの国の間で、20世紀の半ばの一時期、40年間の軍事占領、35年間の植民地支配が日本によって韓国、朝鮮に加えられたということが致命的な痛恨の歴史の闇部をなしている。韓国人の歴史の記憶からこのことを消すことはできず、日本人はこのことに対して人間的に対処することを永久にやめることはできない。

朝鮮植民地支配は1945年8月15日をもって終わったが、その地から逃げ帰った日本人は国家、国民として朝鮮植民地支配について反省し、謝罪する動きを長くはじめなかった。日本は独立した朝鮮の二つの国の一つ、大韓民国と国交を正常化する条約を1965年に結んだが、1910年の併合条約が当初より無効であったという韓国側の主張を受け入れず、有効な条約、合意によってなされた併合であり、植民地支配ではなかったと主張し通した。双方の請求権に関する問題が「完全に、かつ最終的に解決されることになったことを確認する」と明記した請求権協定が結ばれたのも日本側の見方が影響したのは間違いないであろう。

韓国民主化運動が日本国民に大きな印象を与えた1970年代をへて、ようやく1980年代に入ってから、日本では朝鮮植民地支配に対する反省と謝罪を求める市民の運動がおこった。その声を背景に、1991年からもう一つの朝鮮の国、朝鮮民主主義人民共和国との国交正常化の交渉がはじまった。その動きと並んで、民主革命を実現した韓国では慰安婦問題で日本国家を告発する女性たちの運動がおこっていた。日本政府は、韓国盧泰愚《ノテウ》政権のうながしもうけて、この問題の調査と研究に着手し、1993年には河野洋平官房長官が獲得した慰安婦問題認識にもとづき謝罪する談話を発表した。そして、ついに1995年、敗戦50年にあたっての村山富市総理談話において、日本国家は「植民地支配と侵略によって多大な損害と苦痛を与えた」ことを認め、反省を表明し、謝罪した。

この反省と謝罪は、主として「アジア諸国の人々」に対して向けられていたが、1998年の金大中大統領，小渕恵三首相の日韓パートナーシップ宣言においては、「韓国の人々」に向けての表明となり、2002年の金正日委員長、小泉純一郎首相の日朝平壌宣言においては、「朝鮮の人々」に向けての表明となったのである。

この間日本政府と国民は慰安婦被害者に日本国家の謝罪を伝え、国民からの募金による「つぐない」（贖罪）金を差し出すアジア女性基金を設置し、事業をつづけていたが、韓国、台湾、日本の被害者、被害者支援団体からの批判をうけていた。基金事業のコンセプトが修正されることはなく、基金はなしうる範囲の事業を終えて、2007年に解散した。

2010年5月10日、韓国併合100年の年に日本と韓国の知識人が併合の過程と併合条約について批判の共同声明を出し、併合条約の正当性、合法性を主張した日本政府の認識を改めることを要求した。これにこたえて、日本政府から菅直人総理談話が8月10日に出された。そこには次のような日本政府の認識が述べられた。

「ちょうど百年前の八月、日韓併合条約が締結され、以後三十六年に及ぶ植民地支配が始まりました。三・一独立運動などの激しい抵抗にも示されたとおり、政治的・軍事的背景の下、当時の韓国の人々は、その意に反して行われた植民地支配によって、国と文化を奪われ、民族の誇りを深く傷付けられました。私は、歴史に対して誠実に向き合いたいと思います。歴史の事実を直視する勇気とそれを受け止める謙虚さを持ち、自らの過ちを省みることに率直でありたいと思います。痛みを与えた側は忘れやすく、与えられた側はそれを容易に忘れることは出来ないものです。この植民地支配がもたらした多大の損害と苦痛に対し、ここに改めて痛切な反省と心からのお詫びの気持ちを表明いたします。」

これが日本国家が併合１００年、植民地支配停止55年にして到達した歴史認識なのである。韓国国民の批判にうながされ、自らも努力してつかんだ反省と謝罪の新地平である。この菅総理談話が今日の日本政府を構成する安倍晋三首相、河野太郎外相，菅官房長官によって忘れられている。そうでなければ、このたびの韓国大法院の徴用工事件判決のさい、この人々があれほどに居丈高に、韓国という国は自分が結んだ日韓条約、請求権協定を守ろうとしない、こういう国とはつきあえないと愚かな言葉を吐きちらすことはなかったろう。

日韓条約のさいには、日本は植民地支配を反省も謝罪もしていなかった。請求権協定はその状態で結ばれた。その後日本の歴代の総理は、韓国の人々の批判と告発の声に応えて、植民地支配が損害と苦痛を与えたことを反省しはじめた。それを積みかさね、ついには韓国の人々の意に反して植民地支配を軍事的に強制したことを認め、謝罪するに至ったのである。その過程で慰安婦犠牲者に対して、請求権協定の規定にもかかわらず、謝罪と「つぐない」（贖罪）措置をとることが必要であると認めるにいたり、行動をおこしたのである。請求権協定の規定があるため、慰安婦犠牲者に対して日本国家の金を差し出すことはできないとして、国民からの募金により贖罪金（つぐない金）を出すというアジア女性基金の事業を開始したが、その「つぐない」事業には、国家資金による医療福祉支援が追加されざるをえなかった。アジア女性基金は、韓国の多くの被害者の受け入れ拒否の前に事業をやりとげることができないまま、２００７年に終了した。60人の被害者に総理の謝罪の手紙と５００万円（つぐない金２００万円、医療福祉支援３００万円）が渡されただけであった。総額は３億円である。

その８年後、２０１５年の日韓合意によって、日本政府は慰安婦被害者にあらためて謝罪し、その名誉と尊厳の回復と心の傷の治癒のために閣議決定により10億円を差し出した。これは１９６５年の請求権協定が課す制約をのりこえた行為であった。

慰安婦被害者と支援団体の長年にわたる運動は、1965年の日韓条約体制を打破する先駆けの運動であり、このあとには植民地時代に経験した苦難と損害にたいする措置を求める多くの被害者の運動がつづくのである。日本国家、政府と国民は落ち着いて謝罪と贖罪行動のあたらしい段階に入らなければならない。

2　慰安婦問題解決運動の時期区分について

慰安婦問題解決の運動は、4分の1世紀をこえてつづけられた偉大な運動であった。それが韓国で始まったのは1990年のことである。この年のはじめに尹貞玉《ユンジョンオク》先生が『ハンギョレ新聞』の年頭の号に「挺身隊、怨恨残る足跡」という調査取材報告を連載して問題を提起すると、人々の関心が爆発的に高まった。6月に日本の国会でこの問題に対する野党議員の質問がなされ、労働省の課長がこの件についての政府のかかわりを否定する答弁をおこなったことが憤激をよびおこした。10月17日、韓国教会女性連合会、梨花女子大学校女性学研究会、挺身隊研究会など8団体が、慰安婦問題で海部首相と盧泰愚大統領の双方に公開書簡を出した。この中で「挺身隊問題」解決のための6項目要求が提起された。

11月16日に韓国挺身隊問題対策協議会が設立された。この協議会の設立が報じられると、慰安婦被害者金学順ハルモニが連絡をとり、91年8月14日にはじめて記者会見をおこなって、日本国家を告発した。１９９２年1月8日、日本大使館前で挺対協は水曜デモを開始した。毎週水曜日の集会デモである。こうして慰安婦被害者とそれを支援する挺対協の運動がはじまった。長く、はげしい運動であった。

この運動の過程について、私は何度か総括を試みたことがある。私は、運動を三つのラウンドに分けてとらえた。第一のラウンドは１９９０年から２００７年までで、韓国の運動、挺対協が慰安婦被害者とともに日本政府に要求をつきつけたところからはじまった。日本政府は河野談話を出し、アジア女性基金を設立して、謝罪と「つぐない」の事業をおこなった。しかし挺対協はあくまでも法的責任をみとめ、責任者の処罰、被害者への法的賠償をおこなうようにもとめ、アジア女性基金の事業を最後まで拒否した。アジア女性基金は韓国の被害者60人、台湾13人、フィリピン２１１人に総理の「お詫び」の手紙と、国民からの募金による「つぐない金」２００万円を渡しただけに終わった。なお医療福祉支援という名目で韓国、台湾では３００万円、フィリピンでは１２０万円が国庫資金から支給された。オランダに対しては、96人の被害者に医療福祉支援３００万円が差し出された。

ここでは「つぐない金」は渡されなかった。インドネシアに対しては、同国政府の要求ということで、高齢者社会福祉事業支援に政府資金から3億8000万円が提供された。慰安婦犠牲者個人に対してはいかなる事業もなされなかった。中国、北朝鮮にいたっては、いかなる事業もなされなかった。

このラウンドが終了するにあたって、挺対協は、たとえ日本政府が受け入れなくとも、正しい主張をつらぬきつづけることを主張した。

第二ラウンドを、最初私は2011年の韓国憲法裁判所決定からはじまったと考え、民主党政権と李明博大統領時代とし、安倍第二次政権と朴槿恵大統領時代を第三ラウンドとしていた。『日本空間』2016年6月号に寄稿した文章「12月日韓政府合意と慰安婦問題」でも、著書『慰安婦問題の解決のために』(平凡社新書、2015年5月刊、韓国語版、ソウル、歴史空間、2016年10月刊)でも、そのように書いたのであった。しかし、今は考えをあらためて、2009-2010年を短い第二ラウンドとし、2011年以降を一括して第三ラウンドとするのが正しいとみるにいたった。

第二ラウンドは、日本の運動体がかねてより追及してきた立法解決を本格的に実現しようとして、民主党政権に迫り、にべもなく拒絶された幕間劇というべきである。

アジア女性基金を批判していた日本の運動団体は、基金を批判する一方で、かねてから戦時性的強制被害者問題解決の促進に関する法律案の実現に向けて努力を行っていた。この法案は２０００年から民主、社民、共産の三党議員が参議院で議員立法で提案をはじめ、２００３年よりは毎年岡崎トミ子議員が中心となって三党議員の共同提案で提出したものである。慰安婦を「戦時性的強制被害者」と呼び、総理府に「戦時性的強制被害者問題解決促進会議」を設置し、被害者に対する「謝罪の意を表し」、「名誉回復等に資する措置」として「金銭の支給」を行うという内容の法案であった。この法案も道義的責任論に立脚しており、アジア女性基金の事業の対象にならなかった被害者を対象にするつもりであった。挺対協はその内容に不満を感じながらも、日本の国家の法律が制定されるのなら受け入れようと考え、支持を与えていた。

２００２年7月23日には、内閣委員会で法案の趣旨説明が行われた。そのさい、提案者を代表して、共産党吉川春子議員は、「既にアジア女性基金の償い金を受給した被害者については、本法による補償金との二重の受給にならないように調整するものといたします」と述べた。しかし、趣旨説明まで行ったのはこのときだけで、いつも提案しては継続審議か廃案になったのである。

２００９年民主党が政権を奪取した。人びとの法案実現への期待が一挙に高まったのは当然である。首相になった鳩山由紀夫氏はこの法案の関連法案、「恒久平和調査局設置法案」の提案者の筆頭であった人であったし、「戦時性的強制被害者問題解決促進会議設置法案」のために働いていた千葉景子氏、岡崎トミ子氏らは入閣が噂されていたのである。

活気づいた運動体は大同団結し、２０１０年2月「日本軍『慰安婦』問題解決のための全国行動２０１０」を結成し、「立法解決」をもとめる運動を本格的に開始した。共同代表は花房俊雄、梁澄子、事務局長は渡辺美奈であった。花房氏は「関釜裁判を支援する会」の代表であった。

だが、この法案の推進は政権をめざす民主党のマニフェストには含められていなかった。鳩山首相は沖縄の普天間基地の移転問題をめぐって混乱をつづけ、「恒久平和調査局設置法案」のことなど考える余裕もなく、政権を投げ出してしまった。小沢一郎幹事長は議員立法の動きに厳しい統制をくわえたので、「戦時性的強制被害者問題解決促進法案」提出者であった千葉景子氏や岡崎トミ子氏は民主党内閣に大臣として入閣したのだが、この法案の立法化のためにまったく働くことがなかった。野党のときは気楽に議員立法が提案できるが、政権与党となると責任がまして、党内に意見対立がある深刻な問題については、法案提出は考えられないという弁明がなされたようだ。それなら、民主党議員としては慰安婦問題の立法解決ができないということをはっきりと説明し、支持者に謝罪することが必要だった。しかし、それもなされなかった。２０１０年はじめに、「立法解決」方式が不可能であることが明らかとなったときの「全国行動２０１０」に集まる人々の絶望は深いものだった。

　ところが、２０１１年8月30日、韓国の憲法裁判所が出した判決が慰安婦問題解決へのあらたな努力をうながす「天の助け」となり、慰安婦問題の第三ラウンドがはじまった。判決は、慰安婦被害者の請求権をめぐって日韓間に請求権協定の解釈に対立があるのに、協定第三条の第三者仲裁の規定を活用しない韓国政府の不作為を憲法違反だと判定するものであった。しかし、韓国の外交通商部が日本外務省に協議をもとめても、交渉にはならなかった。そこで李明博大統領は、その年12月17日、18日に京都で開かれた首脳会談の席上、強い言葉で慰安婦問題の解決を野田首相に迫ったのである。ときあたかもソウルの日本大使館前の水曜デモはこの直前の14日に１０００回に達し、挺対協は、かくも長く自分たちの主張を無視し続ける日本政府への抗議の象徴として、大使館前の路上に慰安婦少女像を建てたのであった。首脳会談で野田首相は「知恵を出すつもりである」と回答した。

日本側の動きはおそかったが、2012年はじめに外務省の筋で解決案を打診する動きが始まった。このとき、「日本軍『慰安婦』問題全国行動2010」のニュース（2月10日）に共同代表花房俊雄氏のよびかけが発表された。「野田政権に具体的な解決を求めましょう。……解決の内容に言及するとき、①日本政府の責任を認め、被害者の心に届く謝罪をすること、②国庫からの償い金を被害者に届けること、③『人道的な立場』とは加害者側の日本側が使う言葉ではありません。」

当時、民主党政権に慰安婦問題で助言する立場にあった私は、この花房提案が運動団体の側から出された画期的な新提案であるとみて取り、ただちにこのことを斎藤勁官房副長官に伝え、また韓国の友人たちにも知らせた。

しかし、交渉はすすまず、たまりかねた李大統領が日本に圧力をかけるつもりで、8月10日に、独島（竹島）に出かけた。尖閣諸島問題で頭がいっぱいの野田首相と玄葉外相は、竹島は日本の「固有領土」だとして、激しく反発し、日韓関係は空前の対立に入った。

その対立の底で打開の最後の努力が試みられ、10月28日、斎藤官房副長官と李明博大統領の特使李東官氏が東京で会談し、以下のような解決案で基本的に合意した。①日韓首脳会談で協議し、合意内容を首脳会談共同コミュニケで発表する。②日本首相が新しい謝罪文を読み上げる。従来は「道義的責任を痛感」すると述べていたが、「道義的」をのぞき、国、政府の責任を認めるという文言にする。③大使が被害者を訪問して、首相の謝罪文と謝罪金をお渡しする。④第三次日韓歴史共同研究委員会を立ち上げ、その中に慰安婦問題小委員会を設けて、日韓共同で研究を行うように委嘱する。

この案には李大統領はあらかじめ支持をあたえていたが、野田首相は支持せず、合意案は流産に終わってしまったのである。

野田氏は国会解散に向かい、総選挙で敗北して、下野した。12月に自民党政権、それも安倍第二次政権が生まれたときは、慰安婦問題の解決はありえないかと思われた。安倍氏は河野談話の見直しに意欲を燃やしていたが、米国メディアからきびしく批判されて後退した。そして2013年2月、韓国では初の女性大統領朴槿恵氏が登場するに及んで、慰安婦問題の解決をもとめる姿勢が一層際立つことになった。あらためて、日韓対立の様相が強まった。朴大統領は安倍首相が考えを変えない限り、日韓首脳会談を拒否するとして圧力をかけるにいたった。大統領がそのように圧力を加えるのは、もとより前代未聞のことであった。

このとき、韓国の挺対協と日本の「慰安婦」問題解決全国行動（代表は梁澄子、渡辺美奈）

は日韓両政府に対して妥結すべき解決案を提示することを用意した。２０１４年6月、第12回アジア連帯会議の決議として、「日本政府への提案」なる文書が採択された。そこでは、「日本軍『慰安婦』問題解決のために日本政府は、次のような事実とその責任を認めること」が求められていた。「①日本政府および軍が軍の施設として『慰安所』を立案・設置し管理・統制したこと、②女性たちが本人たちの意に反して、『慰安婦・性奴隷』にされ、『慰安所』等において強制的な状況の下におかれたこと、③日本軍の性暴力に遭った植民地、占領地、日本の女性たちの被害にはそれぞれに異なる態様があり、かつ被害が甚大であったこと、④重大な人権侵害であったこと。」さらに決議は「次のような被害回復措置をとること」として、「①翻すことのできない明確で公式な方法で謝罪すること、②謝罪の証として被害者に賠償すること」、③真相究明、再発防止の策をとることを求めていた。

ここではこれまで主張されてきた法的責任の認定、法的謝罪、法的賠償、責任者処罰という要求が消されている。「謝罪の証としての賠償」ということは政府資金による支払いということを意味するにすぎない。韓日の運動体はここにきて、最大限綱領をめざすのではなく、最小限綱領を掲げて、日韓両政府の交渉に解決案を提起したのである。外交交渉は妥協によって終わるしかないと覚悟した決断であった。

そのように決断したのは、運動団体としても、「被害者たちが高齢化した今、日本がこの問題を解決できる時間はもうあまり残されていない」と考え、目下の外交交渉が解決への最後のチャンス、チャンネルであると判断したからであろう。

私はこの提案を知ると、これをただちに日本の外務省に伝え、日韓の識者の間にも伝えた。挺対協との協力がはじめて可能になり、2015年4月の全国行動のシンポジウム「『慰安婦』問題、解決は可能だ」では、金福童ハルモニ、尹美香氏と同じ壇上に立ったのである。

この4月23日のシンポジウムのあと、「挺対協の方針転換」を報じた『北海道新聞』の記事が波紋をよび、尹美香氏がそのような事実はないとして、記事取り消しを求めるということがあった。挺対協の内部にアジア連帯会議決議の方向性に反対する保守的な立場があることがうかがえた。私はそれだけに新方針の重要性を認識したのである。

安倍首相は2015年2月になり、ついに秘密交渉をはじめることを受け入れ、谷内正太郎国家安全保障局長と李丙琪《イビョンギ》秘書室長とのあいだで交渉がおこなわれた。そこでの合意は早くにまとまったが、安倍首相はながくその合意をうけいれられなかったとのことである。ついに2015年11月、ソウルで日韓首脳会談が開かれ、秘密交渉の当事者を加えた会合が開かれ、すみやかな妥結をめざすということが合意されたのである。

3　２０１５年12月の日韓合意をめぐって

日韓首脳会談の発表を聞いて、私は日韓合意が生まれるということを確信した。しかし、日本の中では安倍首相が謝罪をせずに逃げるのではないかという見方が強くあった。もとより問題は決着の内容であって、謝罪の形式と内容が問われていた。私は、そのことを公然と議論することが必要だと考えた。そこで日本政府がしてほしい、またすることができる謝罪の言葉を考えて、文章をつくった。アジア連帯会議決議の４項目をもりこんだつもりの文章をもって、２０１５年12月韓国へ行った。その文章は以下のとおりである。

「かっての戦争の時代に、日本軍の慰安所に、多くの女性が集められ、将兵に対する性的な行為を強いられました。女性たちはみな名誉と尊厳を深く傷つけられ、心身にわたり癒しがたい傷を受けました。私は日本国の内閣総理大臣として、この事態に責任を感じ、心からのおわびと反省の気持ちを申し上げます。」

私はまず知り合いの研究者たちと会い、意見交換をする席で、この文章を見せた。このような謝罪を安倍首相がするだろうかという疑問の声を口にした人もいた。ここまでの表明がなされたら、受け入れられるのではないかという意見もあった。そのあとで私は挺対協の事務所に尹美香氏を訪問した。尹氏は安倍首相が解決策を出すことに追い込まれるだろうと確信しているようだった。2月ごろ、3・1節前に解決策が出たらいいと語っていた。私が文案を見せると、彼女は、短すぎる、4項目は入っているのかと不満の色をみせたが、よく検討するとの返事だった。私は建物前で、彼女に"Happy New Year"と言って、別れた。25年の長きにわたるこの人々の闘いがひとまずの区切りを迎えられる、そういう新年であってほしいと心から願ったのであった。

帰国後、12月24日、私は尹美香氏からのメールを受け取った。そこには次のように書かれていた。

「和田先生が帰られた後、いただいた安倍首相のお詫びの文章を読んで、深く考えてみました。どうすれば解決なのかについても考えてみました。先生からいただいた文案は、2012年に先生が提案された謝罪文よりも内容がはるかに後退したように感じられました。……少なくとも，安倍首相談話に入れるべき内容には第12回日本軍「慰安婦」問題解決のためのアジア連帯会議で採択した被害者と支援団体の提言内容が謝罪文に入り説明されるべきだと考えます。……内容が謝罪文の中にきちんと表現されるならば、それが可能にできるならば、それこそ私たちが求める解決ですので、そうなればうれしいです。」

尹氏がそのように連絡してきたのは、自分たちの主張を私が何らかの形で政府につたえるように期待したためであろう。だが、その翌日には日韓外相会談が急遽ソウルで28日に開かれると発表になった。何もできずにその日を待つことになった。

２０１５年12月28日、岸田外相と尹炳世外務部長官はソウルで会談した。それは交渉をとりまとめるための会談ではなく、合意発表のための会談であった。岸田外相は記者発表の冒頭で次のように読み上げた。

「慰安婦問題は、当時の軍の関与の下に、多数の女性の名誉と尊厳を深く傷つけた問題であり、かかる観点から日本政府は責任を痛感している。

安倍内閣総理大臣は、日本国の総理大臣として、改めて慰安婦として、数多の苦痛を経験され、心身にわたり癒しがたい傷を負われた全ての方々に対し、心からのおわびと反省の気持ちを表明する。」

私が想定し希望した謝罪文案と比較すると、「かつての戦争の時代に、日本軍の慰安所に、多くの女性が集められ、将兵に対する性的な行為を強いられました」という事実認定がふくまれていないのが決定的な違いである。それはアジア女性基金が事業の基準とした慰安婦の定義であった。それが入らなかったのである。その他は「責任を感じ」が「責任を痛感している」となっている程度の違いで、ほぼ同一であった。

あらためて言えば、外相発表は河野談話の結論部分を基本的に繰り返している。河野談話の結論を繰り返していることは、談話本体の歴史認識を前提として、この謝罪の言葉が述べられているということである。また外相発表は、アジア女性基金の事業実施のさいに出された橋本首相の謝罪の手紙の主文を繰り返している。このことは、日本政府がアジア女性基金の歴史認識をも継承することを確認したことを意味する。他方で、河野談話にはなかった責任論をもりこみ、橋本首相の手紙では「わが国としては、道義的な責任を痛感しつつ」と述べていたのをやめ、「日本政府は責任を痛感している」と表現しなおしている。これは民主党政権時代から検討されてきた重要な修正点で、これが取り入れられたことは明らかな前進であった。

しかしながら、運動団体がもとめていた四つの事実認定は、このたびの謝罪の表明には一切入らなかった。河野談話とアジア女性基金の歴史認識を前提にしているとすれば、求められたる四点の事実認識はほぼ確認されているにひとしいとみることができるが、明示的に謝罪の言葉に書き込むことが求められていたのだから、運動団体のもとめた核心部分が発表に入らなかったことは重大な欠落とみなすべきであろう。

岸田外相は、さらに「日本政府の予算により、すべての慰安婦の方々の心の傷を癒す措置を講じる」と発表し、その額が10億円であることを明らかにした。尹炳世外務部長官は「韓国政府が、元慰安婦の方々の支援を目的とした財団を設立し、これに日本政府の予算で資金を一括で拠出し、日韓両政府が協力し、すべての元慰安婦の方々の名誉と尊厳の回復、心の傷の治癒（癒し）のための事業を行うこととする」と発表した。日本政府が政府の資金を被害者のために差し出すということはいまだかつてない新しい措置であった。

アジア女性基金に関わってきた私としては、この発表に接して、安倍首相が政府の責任を認めて謝罪し、10億円を慰安婦被害者のために差し出すとしたことに驚くよりは、なぜもう一歩踏み出せなかったのかという失望感がこみあげてきた。挺対協が設置した大使館前の少女像の移動を望む以上、挺対協の要求する4項目の事実認識をすこしでも取り入れるのが当然ではないか。私の意見は12月29日の朝日新聞に「被害者訪ね謝罪の言葉を」という見出しとともに発表された。「今回の合意内容では、被害者にどのようにして謝罪の言葉を伝えるかのかが、まったく見えてこない。」「日本大使館の関係者が被害者を訪問し、謝罪の意を伝えて欲しい。そして、日本政府が『謝罪の意を表するためにお金を出します』という趣旨の言葉も丁寧に伝える。そういう被害者への心配りがあってこそ、今回の措置が意味を持つ。そうでなければ、韓国の被害者と運動団体からは受け入れられないだろう。」水曜デモも終わらないし、少女像の移動、撤去もされないだろう。私はそのように述べた。

日本の運動団体「全国行動」は、29日に声明をだした。声明は、このたびの政府間協議が「被害者不在」で進められたと批判した上で、「日本政府は、ようやく国家の責任を認めた。安倍政権がこれを認めたことは、四半世紀もの間、屈することなくたたかって来た日本軍『慰安婦』被害者と市民運動が勝ち取った成果である」と積極的に評価した。もとより4項目の事実認定が含められていないことが問題であるとの指摘がつづき、「『軍の関与』を認めるにとどまった今回の発表では、被害者を納得させることはできないであろう」と主張している。声明はさらに「平和の碑」（少女像）についての日本側の要求を批判し、教育・記憶の継承問題を無視したことを批判した。「『最終的かつ不可逆的に解決される』かどうかは、ひとえに今後の日本政府の対応にかかっている」とした上で、首相の謝罪を首相自身が公式表明すること、アジア各地の被害者に同様の措置をとることを要求している。

振り返ってみて、全国行動のこの声明は見事な声明であった。慰安婦記念館を運営するＷＡＭも声明をだしたが、基本的にはほぼ同一の内容であった。

韓国の挺対協はこの突然の合意に衝撃を受け、どのような態度をとるかで、苦悶したと言われている。挺対協の声明が出るのは一瞬遅れたと見えた。慰安婦ハルモニの反発が最初に示され、朴槿恵大統領に批判的な社会運動団体が合意に対する広い市民層の批判を代弁する声明を出した。外相の記者発表という形式からして、不満だ。謝罪も法的な責任を認めるものでなく、支払いも法的な賠償でないもので、到底受け入れられない。安倍首相が謝罪しているとまったく感じられない。それでいて「最終的、かつ不可逆的な解決」を云々するとはおかしい。「少女像」の撤去を要求するとは言語同断だ。声明を出した諸団体には第12回アジア連帯会議の決議の新要求などはいかなる意味もなかった。人々はみな伝統的な、非妥協的な法的責任論で慰安婦問題を語り始めた。そういう意見が韓国全体を覆ったとすれば、挺対協がこの声に合流したのは必然的な帰結であった。

朴槿恵政権と国民の関係は、２０１４年のセウォル号沈没事件のあと次第に緊張し始めていた。朴政権に批判的な市民は、朴槿恵大統領が被害者ハルモニと一度も会うことなく、謝罪をしない安倍首相と取引し、10億円をもらって、民族の大義を売り渡したとして、怒りにもえた。少女像を守れと叫んで、若者たちがテントをはって寝ずの番にたった。そのテントの後ろの壁には、「朴槿恵政権は売国的慰安婦合意をただちに破棄せよ」という幕がはられた。

このような反日感情が突然噴出したのはまぎれもなく安倍首相の挑発のせいだった。日本国首相として、自分がしたくない謝罪とあらたな「つぐない」（贖罪）措置をすることを強いられた安倍晋三氏は個人として、自分が謝罪したことを瞬時のうちにかくすことに神経を注いだのである。周知のように、安倍首相は、岸田外相に自分の謝罪を代読させた。自分では朴大統領に28日夜、電話で謝罪の言葉を伝えただけで、その内容は一切発表せず、どこにも記録しなかった。この合意を12月28日という歳末年始休暇の直前に実行することにより、首相官邸のホームページには載せないですむように仕組んだ。記者会見でも、国会でも、この合意に触れるときは、「日韓外相会談における合意及び私の朴槿恵大統領との首脳電話会談を通じ、この問題が最終的かつ不可逆的に解決されることになりました」とだけ語っている。国会では、民主党の岡田克也議員や緒方林太郎議員が自分の言葉で謝罪すべきではないかと再三迫ったが、ついにその促しに応じなかった。

２０１６年3月30日になって、アジア女性基金の元理事長村山元総理と元専務理事である私が岸田外相を訪問して、アジア女性基金の経験からして総理の謝罪の手紙を被害者のもとに届けることが重要であると申し入れた。しかし、政府は一切耳を貸さなかった。

韓国政府がつくる財団は2016年7月28日、「和解・治癒財団」として発足した。財団の理事長には、誠信女子大名誉教授金兌玄《キムテヒョン》氏が就任し、民間の理事としては、沈揆先《シムギュソン》東亜日報大記者、李元徳《イウォンドク》国民大学教授、陳昌洙《チンチャンス》世宗大学教授らがくわわった。事務局長格の理事になった許光茂《ホグァンム》氏は一橋大学で学位をとった研究者で、著書『日本帝国主義救貧政策史研究』（ソンイン、2011年）がある。盧武鉉《ノムヒョン》時代の強制動員被害調査及び国外強制動員犠牲者等支援委員会調査第3課課長として働いた人である。政府間の交渉で、慰安婦生存者には1000万円、死亡者遺族には200万円を届けるという方針が定められた。日本からの10億円は8月に閣議決定により予備費から送金された。

この財団が公示を出して事業するにあたり、慰安婦被害者に治癒金とともに渡すために安倍首相の謝罪の手紙がほしいということになり、要請がなされた。しかし安倍首相は、これも拒否した。10月3日の衆議院予算委員会で民進党小川淳也議員がこの点について質問した。「韓国政府からさらに安倍総理からのおわびの手紙を求めるということがあるようでありますが、総理この件について現時点でどうお考えですか。」それに対して、まず岸田外相が、日韓合意は、昨年12月の「共同発表の内容に尽きております。その後、追加の合意がなされているとは承知をしておりません」と答えた。つづけて、安倍首相は、「小川委員が指摘されたことはこの内容の外でございまして、我々毛頭考えていないところでございます」と答弁したのである。

この「我々は毛頭考えていない」という言葉が韓国国民の合意反対の気分を決定的にしたことが明らかになっている。和解・治癒財団は国民の強い反対の声の中、事業を開始することになった。

4　キャンドル革命と慰安婦問題

２０１６年10月29日、崔順実《チェスンシル》スキャンダルが報道され、怒った市民が朴槿恵大統領の退陣をもとめてキャンドルデモを開始した。それは驚くべき巨大な市民の平和なデモとなった。朴大統領に対する糾弾の原因には、慰安婦問題合意に対する非難も含まれていたのであろう。11月末には大統領は自らの進退を国会にゆだねると声明した。12月９日国会は弾劾訴追を可決し、大統領職務は停止された。憲法裁判所で審理が終わったのは２０１７年３月10日で、この日大統領罷免が確定した。

キャンドル革命によって朴槿恵大統領を打倒した市民勢力は、５月９日の大統領選挙で文在寅《ムンジェイン》氏を新大統領に選んだ。新大統領は市民の願いを実現する政治をめざした。外交統一分野で掲げた公約の中では、北朝鮮の非核化の牽引と韓半島平和体制の構築を掲げるとともに、韓日関係では歴史問題の真の反省と実用的な友好協力の同時推進をうたい、慰安婦合意については再交渉をもとめるとしていた。

慰安婦ハルモニの活動家と挺対協などの運動団体は、大統領に公約の実行をもとめたから、大統領になった文在寅氏は難しい立場に立たされた。新大統領は、就任直後の5月11日、安倍首相と電話会談をおこない、「国民の大多数が心情的に慰安婦合意を受け入れられないのが現実」だとはっきりと伝えたが、合意の再交渉をもとめなかった。朴大統領が設置した和解・治癒財団には活動をつづけさせた。高まりゆく米朝戦争の危機の中では、大統領はそうせざるをえなかったのである。

2017年6月、北朝鮮は6回目の核実験をおこない、ICBM発射をくりかえし、米朝対立は最終的な局面を迎えるに至った。米朝戦争勃発の危機が迫っていた。文大統領は戦争には絶対に反対するとの決意をもって、米朝の間に分け入った。12月には平昌のオリンピックを機会として、平和を模索する対話の方向へ北朝鮮を導く努力を重ねた。その結果として、2018年元旦の新年の辞において、金正恩《キムジョンウン》委員長は北朝鮮の対話への転換を打ち出した。

国民は文大統領の北朝鮮に向けた努力を支持した。ここで問題となるのは慰安婦合意問題であった。この間文大統領は、外交部に慰安婦合意を検討するタスクフォース（委員長呉泰圭《オテギュ》ハンギョレ論説委員室長）を設置させ、検討をおこなわせていた。タスクフォースが結果をとりまとめ、報告したのは17年12月28日のことであった。

報告は、合意が日本政府の責任を認めることについて前進を見せ、「謝罪と反省の表明は、従来より進展したと見ることができる」とした。金銭的措置についても、「個人に支給できる金銭を引き出せたことはこれまでに無かったことだ」と評価した。しかし、少女像問題や国際社会での非難・批判の自粛などについては否定的な評価を出し、被害者中心のアプローチが欠如していたとの批判がくわえられた。この報告は文大統領にその後の判断の基礎をあたえた。

挺対協と一部の慰安婦ハルモニは合意の破棄の要求は引き下げたが、合意の実質無効化を考えて、治癒財団の解散、10億円を韓国政府が充当することを要求していた。２０１８年1月4日、慰安婦ハルモニたちが大統領官邸に招かれた席で、その要求が伝えられた。

そこで文在寅大統領は、２０１８年1月10日の新年の記者会見において、慰安婦合意についての方針を発表した。文大統領は次のように述べた。「日本が真実の認定と心からの謝罪をした時、被害者が日本を許すことができ、それが本当の解決だ。」２０１５年合意は「公式的合意であることは否定できないが、間違った結び目はほどかなければならない。」しかし、「破棄や再交渉を要求して解決する問題ではない。」文大統領は合意を破棄しないことを明言した。

しかし、妥協もはからなければならない大統領は、このとき驚くべき方策を口にした。日本政府が拠出した10億円と同額を韓国政府が出すことにし、「過去に行われた支出も韓国政府のお金で代替する」と述べ、「すでに受け取ったハルモニも、これまで受け取らなかったハルモニも、堂々とお金を受け取れるようになる」と指摘した。

このとき、和解・治癒財団は、すでに生存被害者48人中34人に１億ウォンを支給し、死亡した被害者１９９人のうち58人の遺族に２０００万ウォンを支給していた。この人々は日本からの治癒金だとして受け取っていたのである。その人々に韓国政府のお金を受け取ったと思ってほしいということができるのだろうか。

大統領がこのようなことを表明したのは、慰安婦ハルモニの活動家と運動団体からの要請を受け入れた結果だとすれば、この人々が一般被害者に自分たちの政治的判断を押し付けようとしたと言わざるを得ない。

２０１８年6月、米朝首脳会談がシンガポールでおこなわれた。そこにまで導くのに文在寅大統領の貢献は大変なものであった。日本からの10億円に対抗するために要求されていた韓国政府の支出がついになされたのは8月末のことであった。１０３億ウォンは女性家族部が運用する女性平等基金に入れられた。挺対協は7月11日に２０１６年に生まれたばかりの正義記憶財団と合体して「日本軍性奴隷制問題解決のための正義記憶連帯」という組織（理事長尹美香氏）となっていたが、声明を出して、治癒財団の解散がおくれていることを批判した。金福童ハルモニの言葉も紹介されている。「韓半島の平和問題が切迫しているので、いまは我慢しているが、いつまで私が待つことができるかわからない。」

9月はじめ、92歳の金福童ハルモニは、はじめ治癒財団事務室前で、ついで外務部庁舎前で「和解・治癒財団即刻解散」というプラカードを掲げて、一人デモを開始した。正義記憶連帯がこれを助けた。

11月21日、韓国女性家族部は「和解・治癒財団」の解散を進めると発表した。解散の理由は「財団をめぐる現在の状況や検討結果から財団事業の終了を決定した」と述べるにとどまったが、財団が残した残余金は10月末の時点で約57億８０００万ウォン（約

5億7800万円）であるとし、韓国政府が支出した103億ウォン（10億円）と合わせて処理する方針であることが明らかにされた。この公式発表につづく説明によれば、約4億円は、生存元慰安婦被害者34名と被害者遺族58名に支給されたとのことである。生存被害者には1000万円、遺族には200万円が渡されることになっていたので、これで4億5600万円が支出されたのである。少し計算が合わないが、日本から渡されて治癒財団に入ったお金のうち、4億円強は被害者遺族に渡され、支出されたことがこの日はっきりと確認されたことになる。一月の大統領の記者会見で示唆されていた「過去に行われた支出も韓国政府のお金で代替する」という措置は、取られなかったことが明らかになった。

これで慰安婦合意に関する問題は終わったとみることができる。慰安婦問題の第三ラウンドがおわったのである。これからは韓国政府の責任で慰安婦問題の研究が行われると考えられる。新しい研究によって、慰安婦問題について共通の認識をつくりだすことが必要である。韓国人にも日本人にも納得させることができる慰安婦認識が獲得されれば、歴史の反省のあたらしい地平がひらけるだろう。

文大統領が2017年に打ち出した「百大国政課題事業」には、日本軍慰安婦問題研究所の設置が含まれていた。すでにこの研究所の所長には金昌禄《キムチャンノク》慶北大教授が就任し、専門家尹明淑《ユンミョンスク》氏を所員に迎えて、活動の準備にはいっていた。しかし、もれ聞くところでは、本格的な新研究所つくりの政策決定がいまだなされていないようで、関係者の苦労がつづいているようだ。最近では金昌禄所長が辞任したということも伝わっている。

いずれにしても、明確な政府の決定を出し、韓国内で尊敬をうける人物をえらび、その人のまわりに優秀な人材をあつめ、あわせて日本をはじめとして、米国その他の国の専門家、歴史家、社会運動家に協力をよびかけ、本格的な研究機関をつくってもらいたい。韓国政府が出した１０３億ウォン、日本政府の10億円の残金をそこに投じたらよいのではないか。日本政府も拒否はできないだろう。韓国政府のつくりだすこの研究所はなによりもまず韓国、朝鮮と日本の国民にとって共通の慰安婦問題認識を生みだすことをめざさなければならない。それが慰安婦ハルモニたちの四半世紀にわたる告発の活動にこたえる道であろう。

日本政府についていえば、安倍首相にあらたな謝罪をもとめても、空しいであろう。日本の新しい政権ができれば、慰安婦問題についてのさらなる努力をもとめていくことができる。北朝鮮と中国の被害者、遺族に対する謝罪と「償い」の措置である。

北朝鮮では、政府に登録した被害者は200人をこえていたことが知られている。その大多数も亡くなったといわれているが、なお生存している被害者は10人ぐらいはいるだろう。韓国の被害者に生存者1000万円、死亡者遺族に200万円を支払うなら、北朝鮮の被害者には5億円ほどの支払いがなされるべきである。日本政府のこれまでの立場は、この国とは国交がないから慰安婦被害者に措置はとれないというものであった。しかし、いまや米朝交渉をたすけるために日朝国交早期実現がもとめられている状況で、国交樹立のまえに、被害者が幾人かでも存命のうちに、謝罪と支払いの措置を講ずべきなのである。

中国では、日本の裁判所に提訴した原告たちはほとんど全員がこの世を去っている。だが遺族はいる。すくなくとも中国人慰安婦訴訟原告24人の遺族に対して、このたびの新基準で日本政府は謝罪と支払いの措置をとるべきである。

5　日韓の協力と歴史問題について

慰安婦問題につづけて、徴用工問題が登場し、日韓関係をゆさぶっている。しかしこれは予想された通りの展開であってみれば、あわてることはない。私は10月末の大邱のシンポジウムの基調報告の結びで、韓国の人々への訴えをおこなった。本稿の結びとして、その訴えを収録させていただきたい。

目下、文在寅大統領と韓国国民は米朝交渉の進展、6月12日合意の実行、あたらしい平和な朝鮮半島と東北アジアの実現のために積極的に活動している。文大統領はすでに第三回の南北首脳会談をおこない、軍事問題での合意をむすび、白頭山にものぼり、天地のほとりにも立たれた。東北アジアの住民は文大統領に拍手を送っている。しかし、米朝交渉を安定的に前進させるには、これだけでは足りない。日本政府を平和プロセスに参加させ、日本と平和のための同盟を結ぶことが必要だ。しかし、現状は楽観を許さない。日韓両国民の間には2015年の日韓合意以来寒風が吹いている。韓国国民はみな、あの時の日本政府の態度に気分を悪くしているのだろう。日本政府の政策を変えなければならないことは明らかだ。

日本政府の政策を変えるのは日本に住む人々の義務である。しかし、日本の国民は韓国からの批判とはげましによってのみ、自分たちの歴史的過去、とくに植民地支配についての態度を改めてきたのである。

日本の市民運動が朝鮮に対する植民地支配に対する反省と謝罪の国会決議を求めて運動をはじめたのは、10年間にわたる韓国民主化運動との連帯活動のあとだった。そして植民地支配についての反省をはじめて表明した村山総理談話は、1987年の韓国民主革命の影響のもとで出されたとみることができる。日本の人々の成長はあまりに緩慢である。しかし、われわれも歴史的過去の真摯な認識に向かって前進してきているのである。

だから、韓国の友人には忍耐強くあってほしい、説得する気持ちを忘れないでほしいと訴えたい。来年は偉大な三一運動の100周年にあたる。南北の人々が共同で100周年の記念集会をおこなうということが発表されている。三一独立宣言は朝鮮民族の偉大な説得の文書であった。わたしは宣言の次の個所をいつも深い感動をもって読んでいる。

「こんにちわれわれが朝鮮独立をはかるのは、朝鮮人に対しては、民族の正当なる生栄を獲得させるものであると同時に、日本に対しては、邪悪なる路より出でて、東洋の支持者たるの重責をまっとうさせるものであり、中国に対しては、夢寐にもわすれえない不安や恐怖から脱出させせんとするものである。かつまた、世界の平和、人類の幸福を達成するには、東洋の平和がその重要な一部をなし、そのためにはこの朝鮮の独立が、必要な段階である。」

私は韓国の友人に同じ精神で日本人に対してくださるように、お願いする。もちろん、われわれ日本人は植民地支配が朝鮮半島の隣人に与えた深い傷を忘れてはならないし、その傷を癒すための努力をつづけなければならない。韓国の人々が慰安婦少女像を目にするとき、おさえがたい怒りと苦痛が心にわくのだろう。われわれはその感情をともにすることはありえないが、韓国人がそのような感情をいだくことを理解するように努めるべきだ。われわれはこの問題を考えることをやめず、つぐないの努力をながく続けなければならない。

韓国人と日本人は隣人としてともに住み、ともに平和をつくらなければならない。批判の言葉をきくことも、ときにはののしられることもかまわない。しかし、われわれは片時もにぎった手をはなすことを許されないのだ。相互扶助――これこそがわれわれの心に刻むべき言葉である。

（『日本空間』24　国民大学日本問題研究所、２０１８年12月刊に掲載）

Ⅳ　安倍第二次内閣の韓国・北朝鮮政策
──2019年末にふりかえる

今日、日韓関係は国交樹立以来最悪となったということが言われております。そして、その危機状態は韓国大法院の徴用工問題判決からはじまったとする見方が広く共有されています。私はこのようなとらえ方をしておりません。そのことをお話しようと思います。注目するのは、安倍晋三首相の韓国・北朝鮮との関わり、その全経過です。

1　政治家安倍晋三氏の原点と飛躍の契機

まず最初に歴史の中で安倍晋三首相を考えると、日清戦争から50年つづいた中国との戦争が終わったあと、朝鮮に対する植民地支配が終わったあと、さらに朝鮮戦争が終わったあと、1954年に生まれた人であるということが大事です。戦争も植民地支配も知らない世代の、最初の日本国首相なのです。祖父は安倍寛と岸信介、父は安倍晋太郎、母は岸首相の娘です。学校は、小学校から大学まで成蹊学園で学び、大学卒業後渡米し、南カリフォルニア大学に入学しました。2年をすごし、帰国して神戸製鋼に入社し、3年間働きました。それから、父晋太郎外相の秘書となり、ほぼ10年後、1993年に父が逝去するとともに衆院選に立候補、国会議員となりました。このとき自民党は野党であり、安倍氏の議員生活は野党議員としてはじまったのです。

安倍氏の政治活動の原点は、1997年2月に中川昭一氏と組んでつくった「日本の前途と歴史教育を考える若手議員の会」の事務局長となったところにあります。この会は、河野談話に反対し、慰安婦問題を否定し、この問題を歴史教科書に載せることに反対する若手議員の会です。党内の青年反対派の動きにすぎなかったのですが、この会に、菅、衛藤、下村、新藤、古屋、高市氏ら、今日の安倍派の中心幹部たちが結集していました。安倍氏はこの会の活動の中で櫻井よしこ、西岡力、呉善花氏らと出会ったのです。慰安婦問題によって日本の国にかけられた汚辱を拭いたいというのが、青年政治家安倍晋三という人の初心であったと考えられます。

そのような安倍氏の政治的飛躍の契機となったのは、2002年の小泉訪朝というドラマでした。安倍氏は若手を組織する活動が認められ、小泉純一郎派閥会長の推薦で、2000年に森内閣の官房副長官に登用され、翌年小泉内閣にも留任しました。1996年から横田めぐみさんの問題がクローズアップされ、この問題に対して政府の対応が迫られる中で、2002年3月に安倍官房副長官は政府部内の拉致問題プロジェクトチームを主宰し、拉致問題での外務省の弱腰外交を非難する積極的な言動で知られるようになりました。

だが、すでにこのときには、日朝国交交渉を再開すべく、小泉首相の意をうけた外務省田中均アジア太洋州局長の日朝秘密交渉が行われておりました。安倍氏はこの交渉から完全に締め出されていました。官邸の中では福田康夫官房長官、古川真二郎官房副長官は知らされておりましたが、安倍官房副長官は2002年8月30日、小泉首相の訪朝が発表される日の朝まで一切つまはじき状態におかれていたのです。このことが安倍氏の心に大きな屈辱感、強い反発心を生んだことは想像に難くありません。しかも、安倍氏は首相外遊に同行する役目をもつ官房副長官で、平壌に行き、金正日委員長との会談に同席することになりました。小泉首相は平壌宣言をむすび、北朝鮮から拉致問題についての回答をえて、日朝国交樹立に前進する態勢に入りました。これに対して拉致問題を押し立てて、日朝国交交渉に反対する勢力が国内に台頭し、政権内の反対派である安倍晋三氏を政治の中心に押し上げる動きとなりました。田中均局長や日朝国交を進める立場の人々が非難されればされるほど、拉致問題での強硬な態度を見せる安倍氏の声望が高まることになりました。家族会や救う会全国協議会の佐藤勝巳、西岡力氏との結びつきが強まりました。こうして拉致問題の安倍晋三という政治家が誕生したのです。２００３年には小泉総裁に党幹事長に抜擢され、2年後には官房長官となり、２００６年には安倍氏は小泉首相に禅譲をうけ、党総裁、日本国首相になっていました。

安倍首相は9月29日の所信表明で、三原則にまとめうる拉致問題政策を表明しました。第一原則は、「拉致問題はわが国の最重要課題である」というものです。第二原則は、「拉致問題の解決なくして国交正常化なし」です。第三原則は、「拉致被害者は全員生きている、即時全員を帰国させよ」というものです。この第三原則は、13人を拉致した、うち8人は既に死亡した、5人は生存しているとして、5人とその家族が日本にもどることを認める北朝鮮政府の立場を否定するものです。北朝鮮は嘘をついていると非難するものです。つまり北朝鮮と交渉をするのではなく、最後通牒的に要求をつきつけるという姿勢です。安倍首相はこの原則のもと、要求貫徹のため、内閣挙げて拉致問題対策本部を設置しました。他方で、総理になった安倍氏は、所信表明に対する質問にこたえて村山談話を守ると回答し、さらに10月5日には、河野談話を守ると回答しました。これは支持者の不満をよびおこしました。それだけ拉致問題に集中していたのでしょう。

その後北朝鮮が核実験を行うと、10月11日には北朝鮮からの輸入の禁止、北船舶の入港禁止、北朝鮮国籍者の入国禁止の措置を打ち出し、のち２００９年、第二回の核実験ののちには北朝鮮への輸出の禁止措置を打ち出し、対北経済断交を実行しました。日本は独自制裁をはやくも極限にまで高めたのです。日本は安倍政権のもとで６者協議での最強硬派となりました。その後河野談話再検討の志向をふたたび現わしたので、米国から批判を受け、ワシントン・ポスト（２００７年3月24日号）に“Shinzo Abe's Double Talk”なる論文がのりました。対北強硬態度と歴史認識が、ともに批判されたのです。安倍首相は北の体制の早期崩壊を望んでいたのかもしれませんが、身体の調子もわるく、２００７年9月には自分が政権を投げ出さなければならなくなりました。

2　安倍第二次政権が直面した慰安婦問題

安倍首相の第一次政権は、拉致三原則にたつ対北朝鮮対決姿勢を打ち出して、退陣しました。この対決政策はつづく福田政権により一時否定されたものの、その後の麻生内閣、さらには民主党政権において継承され、日本の変わらぬ基本方針として確立しました。

韓国との間に存在した歴史認識問題については、2010年8月10日に民主党政権の菅直人首相により韓国併合100年総理談話が出され、併合が韓国の人々の意志に反して行われたことが認められるにいたりました。これは画期的な前進でしたが、野党自民党は強く反発しました。とくに前首相の安倍晋三氏はきびしく菅談話を批判しました。

ところが2011年、韓国憲法裁判所が慰安婦問題での不作為を憲法違反とする判決を出しました。慰安婦問題は、村山政権が発足させたアジア女性基金が韓国の被害者60人に償い事業を実施しただけで、2007年に解散したあと、追加的な措置をとることができていなかったのです。憲法裁判所判決が出ると、韓国李明博大統領は、この年12月の日韓首脳会談（京都）で野田首相に強く解決を要求し、以後さまざまな圧力を加えました。韓国の大統領が日本政府にこの問題で交渉をしたのははじめてです。11年12月には、挺対協の毎週水曜日のデモも１０００回目を迎え、挺対協は少女像を日本大使館の前に建てました。これに対し、民主党政権の側が対応する努力を行い、ついに２０１２年10月26日李東官大統領特使と斎藤勁官房副長官との間で解決案の非公式合意がなされました。しかし野田首相が受け入れなかったために、この合意は流産してしまいます。

まさにこの瞬間に、５年間雌伏した安倍氏は自民党総裁選に立候補し、勝利したのです。総裁選で安倍氏は、河野談話の修正をめざすと主張しました。韓国大統領からの慰安婦問題解決の圧力をはねかえそうという決意をかためていたのでしょう。野田首相の解散による総選挙で、自民党は勝利し、年末安倍氏は首相にカムバックしました。首相になった安倍氏は、まず当然の手続きとして、12月28日に拉致被害者家族会と面会しました。そのさい、拉致問題未解決が心残りであったので、その解決のためにふたたび首相になったのだと述べました。しかしこれは家族会へのリップサーヴィスで、安倍首相の本筋は慰安婦問題でした。12月30日の産経新聞とのインタビューでは、安倍首相は河野談話問題をふたたび強調し、自分の新しい談話をだすと表明しました。これに対して、『ニューヨーク・タイムス』が激しい攻撃の論説を４日後に出しました。「日本の歴史を否定する新たな試み」と題されています。安倍首相は新年１月28日の施政方針演説で、拉致問題の解決の強調に逃げざるをえませんでした。

ところで、韓国では12年年末の大統領選で勝利した朴槿恵氏が、13年2月に大統領に就任しました。日韓条約をむすんだ朴正煕大統領の娘であれば、同じ保守系でも、李明博とは違って、関係が改善するものと安倍氏は思っていたかもしれません。しかし2月に日本国会で前原誠司議員らが歴史認識について質問し、安倍氏のホンネが出はじめると、朴槿恵大統領は3・1演説で、加害者・被害者の立場は「千年の歴史が流れても変わることはない」ときびしい批判を加えました。4月23日には国会で自民党丸山和也議員が質問し、カーター・エッカートの著書まで引用して朝鮮植民地支配肯定論を主張しました。これに対して安倍首相は、植民地近代化論を肯定する答弁をおこないます。ここで韓国が批判に出ました。4月29日、韓国国会は麻生副総理の靖国参拝と安倍発言を「糾弾」する決議を採択しました。5月訪米した朴大統領は、日本は正しい歴史認識をもたねばならないと批判しました。

13年秋には、慰安婦問題の解決をもとめる朴大統領の意向が明らかとなり、それが受け入れられなければ首脳会談には応じないという方針がつたわって、日韓関係が緊張します。11月下旬から朴槿恵大統領に対する異様な人身攻撃がはじまりました。『週刊新潮』『週刊文春』が、連続的に反朴槿恵キャンペーンを展開したのです。絶頂に達したのは12月19日号で、『週刊新潮』は「身内に犯罪者――朴槿恵大統領孤独の夜」を載せました。同じ日に『週刊文春』は「日本人は知らない韓国マスコミが突いた朴槿恵大統領の急所」を載せ、「不人気の理由は、お友達政治」、「隠し子報道も飛び出した！　40歳年上牧師との関係」、「詐欺罪で有罪判決の妹は4年前に統一教会で合同結婚式」、「弟は薬物中毒で5回逮捕」などと書きたてました。東京の公共交通の車両の中の中吊り広告にこのような毒々しい記事を見た日々の暗い気分を思い出します。まぎれもなく日韓関係はその時最悪でした。

この状況を憂慮して動いたのはオバマ大統領でした。２０１４年2月、オバマ氏が直接介入して、ハーグで米韓日三国首脳会談を開かせるにいたり、安倍首相は態度を修正せざるをえなくなりました。３月14日の国会で、安倍首相は河野談話継承を表明します。

この春には、日朝関係において画期的な前進がありました。14年1月ハノイで外務省関係者が北朝鮮との秘密交渉をはじめ、３月にはウランバートルで横田夫妻と孫娘キム・ウンギョンさん一家との対面が実現しました。そして5月になると、画期的なストックホルム合意が成立したのです。合意の内容は、在朝日本人に関して悉皆調査をおこなうこと、北が調査を開始すれば独自制裁の一部を解除し、調査が終わって問題が解決すれば、日本は独自制裁を全面的に解除すること、そして国交正常化へ進むことというめざましいものでした。7月4日には北の調査委員会が活動を開始しました。安倍首相がこのような政策転換をおこないえたということは、注目すべきことでした。

まさにこのような対外関係の正常化と並行して、安倍内閣は7月1日集団的自衛権の行使を可能にする閣議決定を出し、安保法制の立案を本格的に進めていくのでした。

安倍政権は14年末には慰安婦問題の秘密交渉をはじめざるをえなくなっていました。秘密交渉は李丙琪《イビョンギ》氏と谷内正太郎国家安全保障局長の間ではじまりました。15年4月、安倍首相が訪米し、オバマ大統領と会って、慰安婦問題の解決を最終的に約束したようでした。

だが、もとより安倍首相にとっては、このような成り行きは不快な展開であったのでしょう。2015年の外交青書の韓国についての記述から、前年まであった「自由と民主主義、基本的人権などの基本的な価値と利益を共有する」という文章が抹消されたのは、おそらく韓国に対する反感を抑えがたい首相の意向からでしょう。

15年春には、北朝鮮との関係も険悪化しました。日本側はこのときまでに北調査委員会が出した拉致被害者全員死亡の調査報告の受け取りを拒否していました。拉致三原則を守る以上、安倍首相は全員死亡という報告は受け取ることができないのです。結局この年7

月にはストックホルム合意は何も生まずに流れてしまいました。

いま一つの問題は、戦後70年の安倍談話です。新しい談話を準備するのは、安保法制の推進と同じ体制ですすめられました。安倍首相の歴史認識をアメリカにも認められるように、戦後日本の基本認識の中にひきもどす作業がおこなわれました。15年2月に北岡伸一座長代理のもと、21世紀構想懇談会が設置されました。北岡氏は中国侵略を反省するのは当然だと公言しました。7月17日には大沼保昭氏と三谷太一郎氏が主導した学者有志の声明も出されました。こちらは植民地支配への反省をのべますが、基本は満州事変以後の戦争を否定する主張でした。21世紀構想懇談会の結論も同じものとなり、安倍首相談話はこの線にそろえられました。しかし、15年8月14日に出た戦後70年首相談話は、冒頭日露戦争は「植民地支配のもとにあった、アジア・アフリカの人々を勇気づけた」と言い切りました。ここは安倍氏の主張が通った点でしょう。

慰安婦問題については、安倍首相はついに朴槿恵大統領の要求をうけいれることになりました。15年11月ソウルで日中韓三国首脳会談が開かれる折、日韓首脳会談がひらかれ、李丙琪、谷内両秘密交渉代表も同席する中で、慰安婦問題解決が約束されました。12月28日ソウルで外相会談が開かれ、そのあとの記者会見で突然日韓合意が発表されました。安倍首相は、政府の責任をみとめて謝罪し、慰安婦被害者の名誉回復と傷の治癒のため国庫から10億円を差し出すことになりました。請求権協定の規定があるという理由で、これまでの日本の首相は踏み切れなかった措置でした。しかし、これは強いられた謝罪であり、安倍氏の屈辱感は深いものであったと考えられます。安倍氏を取り巻く右翼的な人々はくやしがり、政治的な決断としてはやむをえないと自ら慰めていました。

いまになって考えると、安倍首相は、この措置に多くのとげをつけ、のみこんだ韓国政府が出血するようにしたように思えます。首相が謝罪したという記録をのこさず、「最終的解決」だと主張し、国際会議で慰安婦問題をもちだすなと韓国側をしばったのです。外務大臣が伝えた謝罪の表明を手紙にして出してほしいという要望が出ても、「毛頭考えていない」と拒否することもしたのです。韓国の運動圏の人々が2015年合意全体に強く反発したことはよく知られています。

しかし、決定的に問題であったのは、キャンドル革命で打倒された朴槿恵大統領に代わって2017年5月に登場した文在寅大統領が運動圏の人々の主張におされ、2015年合意を引き受ける責任を果たさなかったことです。韓国国民はこれで問題が解決したと思っていない、新政権は再交渉はもとめない、韓国政府も10億円を支出する、治癒財団は解散させるということをばらばらに発表しただけでした。つまり、２０１５年合意に対して責任をとるという態度がついに表明されなかったのです。この大統領の態度は、安倍首相のあらたな謝罪、10億円の国費の支出を支持した日本国民の反発を掻き立て、安倍首相支持の気持ちをつよめさせることになりました。

3　米朝対決と対話の空気の中で

２０１６年から17年にかけては、米朝対立の危機的状況が東北アジアを訪れます。この中で日韓関係はあらたな展開をみせました。この時期、北朝鮮は３回の核実験をおこない、ミサイルに関してはＩＣＢＭ火星15号の発射に至りました。安倍首相は２０１６年３月、安保法制を整備して集団的自衛権行使の可能性を確保しました。その上で、２０１７年１月に就任した米新大統領トランプに密着し、北朝鮮に対する制裁の極限化、軍事的威嚇の示威を推進しました。独自制裁は２００９年に極限にまで高めていましたから、この段階では軍事的威嚇への同調が新しい決定だったのでしょう。当然ながらその過程では、韓国文在寅大統領とも提携し、米日韓の三国軍事協力に努力しました。２０１６年版と

2017年版の外交青書の韓国についての記述には、「戦略的利益を共有する最も重要な隣国」という表現が加わりました。

17年9月の北の第6回核実験のあと、国連総会でトランプ大統領は、挑発をやめなければ「北朝鮮を全的に破滅させる以外の選択肢はなくなる」と宣言し、安倍首相は、「すべての選択肢をテーブルの上にのせている大統領の決断を支持する」と表明しました。帰国後、安倍首相は「国難突破解散」を断行します。危機の本質は説明せず、そこで日本はどうするということも説明せず選挙を行い、勝利すると、自分の対北政策に国民の白紙委任をとりつけたつもりです。だが、このとき安倍首相は、自衛隊の制服組のトップに、米軍が北朝鮮に対して軍事作戦をとる場合、「安保法制の下で自衛隊がどう動くか」を検討準備させていたのです。当時の自衛隊統合幕僚長河野克俊氏が、ダンフォード統合参謀本部議長、ハリス太平洋軍司令官と常時連絡し、自衛隊の作戦を準備していたと最近になって明らかにしています（『朝日』19年5月17日）。

11月、トランプ大統領が日本と韓国を訪問し、横田基地で米軍兵士、自衛隊員2000人を集めて「圧倒的な能力を行使する用意がある」と宣言すると、安倍首相は首脳会談後の記者会見で「日米が100％共にあることを力強く確認した」と表明しました。トランプ大統領は韓国の国会の演壇から、北朝鮮は「地獄以下」、北の国民は「奴隷よりもわるい」と攻撃し、北政権に核開発政策の全面放棄と屈服を要求しました。大統領帰国後、日本海では米空母3隻が参加した米韓海軍合同演習がおこなわれました。これはありうべき米朝戦争を見通したぎりぎりの威嚇でした。これに対して、北朝鮮は11月29日にICBM火星15号を発射し、「核戦力完成の大業」を成就したと宣言しました。日本海での米朝戦争の危機が最大限に高まった瞬間でした。

一方の文在寅大統領は、米朝戦争の危機に対しては安倍首相とは対照的な態度をしめします。2017年8月15日演説で「朝鮮半島では二度と戦争をおこしてはならない」と主張し、「大韓民国の同意なしにいかなる国も軍事行動をとると決定することはできない」と宣言していました。年末の危機の絶頂期には、11月13日の国連総会決議「オリンピック休戦」を活用して、北朝鮮に働きかけることを推進しました。

この文在寅大統領のイニシアティヴが効果を発揮しました。核戦争の闇をみた金正恩委員長は踏みとどまって、2018年元旦、新年の辞で平昌オリンピック参加を表明しました。2月の平昌オリンピックに北朝鮮の代表が南北首脳会談の提案をもたらし、3月5日文大統領特使が訪朝して金正恩委員長と会談し、南北首脳会談の開催で合意したのです。

大統領特使は金委員長から米朝首脳会談の提案を聞いてただちに米国に赴き、トランプ大統領にこれを伝えました。3月8日トランプ大統領は金正恩提案の承諾を即答したのです。

これが安倍首相に二重の衝撃を与えました。文大統領が米朝戦争の回避のために対話を仲介するという大きな働きをしたこと、さらに、トランプ大統領が自分に相談なく、首脳会談をおこなうと即答したこと——この二つは大きな驚きであっただろうと考えます。安倍氏の反応は、拉致問題の提起でした。3月9日朝、安倍首相はトランプ大統領と電話会談を行い、「完全な、検証可能な、不可逆的非核化（CVID）」に向けて、「最大限の圧力」をかけつづける必要があると述べ、拉致問題の解決にむけての協力を要請したと言われています。4月16日、安倍氏は訪米し、トランプ大統領に「最大限の圧力をかけ続ける方針」を強調し、確認をとるとともに、首脳会談で拉致問題を提起することを要請しました。

南北首脳会談は4月に開催され、歴史的な板門店宣言が出されます。米朝首脳会談は、6月24日開催と決定されました。安倍首相は6月7日に再び訪米し、北が非核化に向けた具体的行動をとるまでは制裁は解除しないとの方針を大統領に再確認し、首脳会談で拉致問題をとりあげることを三度求めました。今度は、安倍首相は自分も金委員長に会うつもりだ、と言い添えざるをえませんでした。

このように安倍首相が拉致問題の取り上げを執拗にもとめたのは、われわれの懸案問題の解決にも生まれた対話の空気をおすそ分けしてほしいとお願いすることではありません。安倍首相が拉致問題解決を国際社会に押し立てたのは、日本国家は拉致という北朝鮮の犯罪行為を忘れない、この問題を暴露告発して、北朝鮮になおも圧力をかけつづけるということであったのです。この安倍氏の態度はトランプ大統領を牽制すると同時に、文大統領の行動に対立するものでした。

安倍氏の文在寅大統領に対する反感は、２０１８年の外交青書での韓国についての記述から、「戦略的利益の共有」という言葉を消すことに現れました。もちろん「日韓両国の連携と協力は、アジア太平洋地域の平和と安定にとって不可欠である」という記述だけはのこりました。

４　米朝首脳会談以後の平和プロセスの中で

シンガポールでの米朝首脳会談は平和プロセスを開きました。両首脳は、全世界の人々の眼前で米朝戦争の回避を誓約したのです。トランプ大統領は「朝鮮に安全の保証をあたえ」るとし、金正恩委員長は、「朝鮮半島の完全な非核化にむけた堅固で揺るぎない決心を再確認し」、共同声明を発表しました。

安倍首相はこの結果についてはその意義を評価するという意見をいくたびか表明しましたが、総じて控えめな立場をとりました。日本の国内では、この機会に日本も積極的な行動をとるべきだという声が現れます。その代表的な表明は、7月3日の田中均氏の日本記者クラブでの講演でした。田中氏は、日本は自分の戦略を持って、核問題も拉致問題も北朝鮮と交渉すべきだとし、平壌に連絡事務所をつくることを提案しました。この田中氏の提案は、9月14日、自民党総裁選候補の立ち合い演説会で、石破茂氏によって取り上げられました。石破氏は「平壌に日本の、東京に北朝鮮の連絡事務所を置くところから始めなければいけない」という思い切った主張をおこなったのです。これに対して、安倍氏は「私自身が金氏と向き合い、この問題を解決しなければならない」との決まり文句を繰り返しただけでした。

安倍首相は米朝交渉が難航する中で、傍観者的な態度をとりつづけました。日本として平和プロセスを進めるために、何をするかという考えは示されませんでした。対照的に、韓国の文在寅大統領は9月に訪朝し、三度目の南北首脳会談をおこなうなど南北の接近で事態を改善しようとします。安倍首相の周辺の人々は、文大統領は親北的ではないかと反発を強めたようでした。そこに10月以降、徴用工訴訟での大法院判決、慰安婦問題2015年合意に基づく治癒財団の解散、韓国海軍艦船からの自衛隊機に対するレーダー照射問題が連続して起こりました。韓国側の態度もわるかったのですが、安倍政府の反応もすこぶる強硬な反発となりました。

ついに2019年1月28日の国会冒頭の施政方針演説で、安倍首相は「地球儀俯瞰外交総仕上げ」を語り、中国、ロシア、北朝鮮について、関係の改善を目指すと述べたのですが、韓国には一言もふれず完全に無視する態度を示して、衝撃をあたえました。私は、近衛文麿首相の1938年1月16日の演説、「爾後国民政府ヲ対手トセズ」を思い出しました。そういって、ひきかえすこともなく、日本は日中戦争に完全に突入していったのです。2019年版の外交青書では、「基本的価値の共有」もなければ、「戦略的利益の共有」もなく、「アジア太平洋地域の平和と安定にとって不可欠だ」もなく、ただ日韓対立の事実だけが列挙されていました。

ハノイでの第二回米朝首脳会談が決裂状態になったあと、安倍首相がしたことは拉致問題についての取り組みを活発化させることでした。5月3日の産経新聞のインタビューにこたえて、安倍首相は「拉致問題の解決には、わが国が主体的に取り組むことが何よりも重要です。まずは現在の日朝間の相互不信の殻を打ち破るためには、私自身が金委員長と直接向き合う以外はない。ですから条件をつけずに金委員長と会い、率直に、また虚心坦懐に話し合ってみたいと考えています」と述べて評判になりました。家族会、救う会全国協議会の国民大集会が開かれ、安倍首相が演説しました。さらに新天皇の最初の客として、トランプ大統領の国賓訪日が実現されました。安倍首相は大統領と拉致被害者家族との面会を組織し、大統領に拉致被害者への支持を語らせました。

安倍首相は無条件会談の意志を表明していますが、北朝鮮側が会談に応じる気配はありません。そもそも安倍首相自身会談して、拉致問題の要求、全員の即時帰国がかちとれるとも考えていないでしょう。しかしここにいたって安倍首相に対し、日朝交渉への期待、拉致問題解決への期待が、被害者家族はもとより、一般国民においても高まったのは自然です。安倍首相は窮地に立たされました。

ところで、日韓関係はいかなる打開もなく緊張の一途をたどっていました。6月末の大阪でのG20の会議には文在寅大統領も出席しましたが、各国首脳と個別にも会談した安倍首相は文大統領だけは完全に無視し、立ち話さえもしませんでした。会えるはずもない金正恩委員長ではなく、文在寅大統領とこそ「無条件で」会談し、「虚心坦懐に話し合う」ことが必要であったはずでした。

だが、G20の直後に皮肉な事態がおこります。トランプ大統領は大阪で金正恩委員長にツイッターで連絡を取り、話をつけて大阪から韓国板門店に赴き、文大統領がおぜん立てをして、トランプ・金正恩第3回首脳会談が実現したのです。3人が肩をならべて板門店地域を歩く映像が全世界に流れ、安倍首相はさぞかし唖然としたことでしょう。これで文在寅大統領は4回、トランプ大統領も3回金正恩委員長に会ったのです。一度も会えないのは安倍首相だけということになりました。

5　決定的な日韓対立

7月はじめ、日本政府は半導体原料3品目の輸出に関する特別措置を停止する決定を韓国に対して表明しました。半導体製造が韓国経済にとってもつ重要な意義を思えば、この措置が韓国経済に致命的な脅威をあたえうる敵対的な行為であることは明らかです。韓国につよい衝撃をあたえました。

この措置は徴用工に対する大法院判決への対抗措置だと広く信じられていますが、私はこれまで述べてきた安倍第二次政権誕生以来7年間に積み上げられてきた対韓国不信、反感の結果ではないかと考えています。それだけ安倍首相の反韓国意識が強いとすると、事態はまことに深刻であることになります。

その後日本政府は、ホワイト・リストからの韓国除外にも進みました。韓国には安全保障上信頼がないと公言したので、韓国は怒って、GSOMIAを破棄するという事態となりました。日韓はアメリカの属国とも評価される同盟国同士なのに、この軍事面での断絶はあまりに深刻な事態だと申せます。

では、韓国に対する不信、反感は、どこにいきつくのでしょうか。この安倍政府の対韓措置はいかなる外交ヴィジョンにささえられているのでしょうか。安倍首相は、韓国は結んだ条約、協定を守れ、守らないのは、国際法違反だとしか語っていません。

近年、「38度線が対馬海峡に降りてくる」というような議論がテレビの中の専門家、解説者、政府関係者の口からもれるのを聞きます。総裁外交特別補佐という肩書の河井克行氏(1962年生)がそのようなことを語っていました。今回の組閣で法務大臣として入閣した河井氏は雑誌『月刊Hanada』のセレクション「韓国という病」(9月刊)の中で、半島全域が中国陣営に加わるという展望を示唆しています。中国、ロシア、南北朝鮮の大陸国家ブロックに対抗して、アメリカ、日本、台湾の海洋国家ブロックで結束するということになるのでしょう。雑誌『文芸春秋』9月号をみると、特集「日韓炎上――文在寅政権が敵国になる日」が組まれています。そのリードには「輸出管理の先にある『日米同盟vs統一朝鮮』」とあります。より穏健な安倍氏のブレーン、慶応大学の細谷雄一氏（1971年生）は、『読売新聞』8月18日号で、安倍政権の対韓政策を支持したうえで、次のように述べています。「日本にとって地政学的に最も重要なのは、米国と中国という二つの大国の動向である。そして、米中両国と比較すれば、韓国の重要度は相対的に大きくない。」米国との同盟を強固にし、日中関係を安定的に維持すれば、日本の平和は確保されるというのです。安倍首相の気分はこの細谷氏ののんきな展望に近いのかもしれませんが、論理的に考えれば、総裁外交特別補佐の弁の方が本音ではないでしょうか。この道は永続的冷戦の道であり、そこでは平和国家日本は存続しえないでしょう。

6　われわれはどうすべきなのか

このようなヴィジョン、対外姿勢は、日本と朝鮮半島の国家との数千年来の関係を否定し、豊臣秀吉が朝鮮を攻め、近代においては明治の指導者が韓国を支配下におこうとした歴史もすべてなかったこととして忘れようとするものです。日露戦争の開戦にあたって発された詔勅の冒頭に、次のように述べられていたことを忘れることは許されません。「帝国ノ重ヲ韓国ノ保全ニ置クヤ一日ノ故ニ非ズ。是レ両国累世ノ関係ニ因ルノミナラズ韓国ノ存亡ハ実ニ帝国安危繋ル所タレバナリ。」この考えで戦争をおこし、ついに韓国を併合するに至る帝国主義者の言葉ですが、韓国の運命と日本の運命はひとつながりのものだという認識は侵略主義のにおいと心を洗い流せば、永遠の真理です。安倍首相が進もうとしている方向は、祖父岸信介をついに裏切るものとみえます。岸氏はまさに部下の椎名悦三郎氏が述べた通り、明治から昭和にかけての日本国家の歩みを「栄光の帝国主義」と考えていた人でしたが、戦後には朝鮮を植民地支配したことについて隣国の人々にわびる気持ちをもち、それを伝えていました。韓国が日本にとって大事な国であるということを片時もわすれていなかったのです。

日本人は韓国、朝鮮の人々と平和的な、人間的な協力関係をつくれなければ、立派には生きられないのです。とすれば、当然ながら、近代日本の侵略と支配の歴史についてしっかりした認識をもち、反省し、韓国、朝鮮の人々と認識を共有しなければなりません。そうして隣国の人々の心を理解してこそ、日韓、日朝両国民は良き隣人として協力していけるのです。

日本と韓国は１９６５年に日韓基本条約、経済協力・請求権協定をむすび、国交を樹立しました。この条約と協定は以後の50有余年の間の日韓関係発展の土台となってきたことは間違いありません。しかし、当然ながら批判も不満も韓国の側にのこっていることは否定できません。この条約と協定は、韓国内の激しい反対運動を衛戍令で踏みつけて、成立されました。併合条約はいつから無効かという論点について、韓国側は最初から無効である、併合は軍事的に強いられたと主張したのに、日本側は同意による条約にもとづいた併合であり、問題はなかったと主張して意見の対立を解消できず、同一の英文をそれぞれ都合がいいように訳し解釈することで、まとめられました。大事な歴史認識において１００％の対立を糊塗した欠陥条約であったのです。それに植民地支配から独立した国家の領土について取り決めが棚上げされた、不十分な清算条約でもありました。

無償3億ドル、有償2億ドルという日本側の経済協力で、韓国側の請求権は解決されたということへも批判が出てくることも避けられないことでした。

1987年の民主革命で軍事独裁政権の時代がおわったあと、慰安婦問題が韓国から提起されたのです。請求権協定ですべて解決ずみと言ってすますことはできませんでした。だから日本の政府は調査研究の上、河野官房長官談話を出して、認識を示し、謝罪しました。1995年には衆議院決議と村山総理談話を出して、植民地支配をみとめ、それがもたらした損害と苦痛に対して謝罪しました。村山政権はアジア女性基金をつくり、慰安婦被害者に対して償い（贖罪）の事業を始めました。これはすべて日韓条約、請求権協定に対する補充的認識、追加的措置でありました。日本と韓国、さらには北朝鮮の人々が平和的に共生していくためにどうしても必要なことであったのです。

慰安婦問題についての安倍首相と朴槿恵大統領の2015年合意は、まぎれもなくこの必要な両国の協力的努力の流れの中におこったことです。この措置を安倍氏は納得しないまま強いられてとったため、強い反感の中に沈んだのだと思います。韓国政府と韓国国民には批判がのこるとしても、2015年合意の核心部分を日本政府の積極的な努力として受け入れてくれていれば、次にくる大きな課題、徴用工問題についても、前向きの努力を求めることがスムーズになったと思われます。

日韓の間では、交渉を再開することが必要です。政府間でも、民間でも、市民の間でも交流、討論、交渉をおこなうことです。その最大の主題は日韓条約をどう考えるかということです。日韓条約を清算して結びなおすということではなく、日韓条約をどうしたら改善、改良できるか、そのすべを見つけることです。

他方で、日本列島と朝鮮半島を中心とする東北アジア地域の平和にとっては、米朝戦争の可能性を消し去り、地域の安全保障、非核化をすすめることが不可欠です。米中露の核軍縮がないもとで北朝鮮の非核化を進めることは至難のことですから、米朝首脳がひらいた平和プロセスを前向きに進める以外に、北朝鮮の非核化に平和的に接近する道はありません。そのために韓国と日本がこの平和プロセスに積極的に参加することが必要です。韓国文在寅大統領は積極的に努力していますが、韓国だけではどうにもなりません。日本の首相に一緒にやりましょう、助けてくださいと言わなければなりません。日本は北朝鮮と国交を樹立する方向へ進んでくださいと言わなければなりません。

韓国がそう言ってくれれば、安倍首相も、無条件で金正恩委員長と会談したいと言っているのですから、思い切って無条件で、制裁はすべてそのままにして、平壌宣言にもとづいて北朝鮮と国交をむすび、大使館をひらいて、核ミサイル問題、経済協力問題、拉致問題の交渉を開始する道にたつことができるかもしれません。それは北朝鮮にとっても閉塞をやぶるもう一つの道となるでしょう。

それにしても、対立の種をこわすのには時間がかかります。年末になれば、大法院判決の執行のために求められている日本企業の差し押さえられた財産の競売手続きが実施されてしまいます。ここは本年12月から2020年東京オリンピックまでの期間をオリンピック休戦の期間と宣言して、すべての深刻な措置を凍結して、交渉に努力するというふうに合意するというのがいいのではないでしょうか。

（2019年10月2日、日本記者クラブで講演）

Ⅴ　日韓対立の中の慰安婦問題
――２０１９年〜２０２０年

１　コロナ・歴史・慰安婦問題

２０２０年には、新型コロナ・ウイルス大感染の波が東北アジアにはじまって、またたくまにヨーロッパとアメリカへ広がった。世界最高の文明国と見られたアメリカで、感染者が連日３万人ずつ増加し、連日３千人もが死んでいくという惨状を呈した。おそるべき世界的な破局の中で、人々は必死にこのウイルス禍と闘っている。台湾と中国と韓国での闘いが感染の一次的、部分的な抑え込みに成功したことは希望をあたえた。日本の国民の中には韓国の政府と国民のウイルスとの闘い方に感銘をうける人々が増えている。

このたびの新型ウイルスのパンデミックがわれわれの暮らしのグローバル化の結果であることは明らかであるが、これに立ち向かう人々の闘いは当然にグローバルなものでなければならない。たとえ感染をふせぐために国境を閉鎖し、人々の往来を遮断するとしても、すべての努力は国境を越え、民族を超えた人類連帯、地域連帯、すべての人間の相互扶助の意識、精神によって支えられなければならない。人類共生、協力の新時代をひらかねば、人類の生存はおぼつかないのである。

だが東北アジアでも、台湾と中国、日本、韓国と北朝鮮の人々がこの感染危機の中で協力し、連帯する精神、体制をつくり出していない。朝鮮民主主義人民共和国に対する排除と孤立化はあまりに異常である。そしてアメリカと中国の対立はあらゆる意味で異常昂進を示している。

他方で、日本は新型コロナ・ウイルスの感染禍と闘ってきて、その第二波の開始に直面している状況にあるが、今年もすでに深刻な水害に見舞われている。中国、韓国、北朝鮮も同じである。地球温暖化による環境と気象の急激な悪化が東北アジアに降雨量の異常な増加をもたらし、激甚災害を引き起こしている。さらに日本は２０１１年の東北大震災と原子力発電所の爆発というおそるべき悲劇を忘れることができない。首都東京は直下型の地震にみまわれることが予想されている。今後30年間にその地震が起こる確率は70%と言われている。同時に関東以南、九州までの太平洋沿岸地方のすべてを襲う東海・東南海・南海地震が起こることも想定されており、うち東南海地震は同じ期間のうちに同じ確率でおこると予想されているのである。そのような災害に襲われれば、近隣の国々からの支援や励ましがなければ、とても一国の頑張りだけでは社会と生活の回復をはかれないであろう。東北大震災のときのアメリカ、台湾、中国、韓国、北朝鮮、ロシアの援助と激励はありがたいことだった。

であればこそ、われわれは過去から引きずっているすべての歴史課題をこれ以上先延ばしすることなく、急いで、かつ真剣に解決することに踏み出さねばならないのである。現在のコロナ危機の中で考えるべきことは、まず日韓の対立、反感の原因を解決し、日韓の和解、協力、連帯を実現することである。

日本と韓国の間には、併合と植民地支配という消すことのできない加害と原罪の歴史がある。日本政府と国民は、韓国併合を反省する歴史認識を明確にもち、謝罪する精神をもって、韓国国民に対さなければならない。この認識と謝罪の態度は１９４５年以後ながく日本政府によって獲得されていなかったが、１９９５年の村山総理談話、１９９８年の日韓パートナーシップ宣言、2010年の菅総理談話において打ちだされた。現在では、韓国併合は韓国の人々の意に反しておこなわれ、植民地支配は韓国の人々に損害と苦痛を与えたということが、国論として認められている。この点では、1965年の日韓基本条約の第二条の解釈の分裂を、韓国側の解釈の採用によって統一することだけがのこっている。国の主権を自発的に日本の天皇に譲る、併合してくださいという併合条約が合意によって結ばれ、有効であったという日本側の解釈はもはや維持できないのである。

そしてこのような基本的な認識、態度に立って、個別的な深刻な被害を訴える人々に対して個別的に謝罪し、措置を執らなければならないが、その先頭、中心におかれて、運動がながくつづけられてきた問題が慰安婦問題である。したがって、日韓関係の改善は慰安婦問題解決の努力からはじまらなければならない。その点の整理をつけなければ、徴用工問題での解決の話し合いをすすめることはできないのである。

いまこそ、罪ある者は罪を悔い、怨みある者は怨みをのりこえて、和解し、協力して、新しい共同の家をもとめ、ゆるぎない地域の平和、地球、自然との共生へ向かうときである。

2　日韓合意時点の再検討

　では慰安婦問題はいまどのような状態にあるのか。あらためて２０１５年日韓合意の時点から再検討することが必要になる。韓国で日韓合意はどのようにうけとめられたか、をもう一度考えてみよう。

　あの日、２０１５年12月28日、挺対協、尹美香氏の反応が遅かったという印象が私にはながくのこってきた。

　挺対協の反応については、現在挺対協の継承団体、正義記憶連帯の理事長になっている李娜榮《イナヨン》中央大学教授が『世界』２０１６年４月号のインタビューで、次のように語っていた。「挺対協の人たちは、オフレコ情報を聞いた時点では、希望を持っていたそうです。（…）結果が実際にわかった時には、ほとんどパニックに陥ったと聞いています。」

　この度の李容洙《イヨンス》ハルモニの記者会見からはじまった報道合戦の中で、当事者尹美香氏本人が語った言葉がハンギョレ新聞（５月13日号）によって伝えられた。

「12月27日の夕方になってはじめて外交部東アジア局長が電話をかけてきた。（…）その時、（…）局長は、日本政府による自らの責任認定、謝罪、国庫拠出の３つだけを言ってきた。この合意をどう判断すべきか見当がつかなかった。それで翌日の韓日外交当局の記者会見を見守らなければならないと考えた。12月28日午前、法律家や李容洙さんらとともに合意内容を確認した。しかし合意文には少女像の処理、不可逆的合意、国際社会での非難の自制などの内容が盛り込まれていた。12月27日にはまったく聞いていない核心的かつ敏感で後退した内容が盛り込まれていた。我々と被害者が受け入れることのできない合意だった。」

つまり、合意の基本的な内容を聞かされたときには、尹美香氏はその内容を拒否すべき否定的なものだとは考えなかったのである。受け入れうるものかどうか、さらにくわしい説明が聞きたいというのが当初の反応だったと考えられる。

12月28日合意が発表になったあとの日本の運動団体の評価については、すでに書いている。「全国行動」（梁澄子共同代表）の29日の声明は、日本政府が「ようやく国家の責任を認めた」、これは25年間闘ってきた被害者と運動の「勝ち取った成果」であると評価した。また慰安婦記念館、「女たちの戦争と平和資料館」を運営するＷＡＭ（渡辺美奈事務局長）の12月31日の提言も、日本政府が「国家の責任を明確に認めたことは率直に評価する」、「日本の国庫から拠出されるお金は、日本政府からの『謝罪の証』であると認められる可能性がある」と評価した。渡辺氏は以前は「全国行動」の共同代表であった。

ところで、12月28日には、外相会談後の記者会見において口頭で発表があった。合意には、基本内容の他、いくつかの追加条項が含まれていた。慰安婦被害者からはただちに、自分たちは何も説明されていない、意見も聞かれていないという反応が示された。ここで挺対協尹美香氏の反対の立場がかたまったのだろう。

だが、この日のうちにいちはやく、日韓合意に反対する声明「市民団体の立場」が発表された。94の市民団体、それに挺対協をふくめた20の女性団体が連署した。この声明は、このたびの合意は、慰安婦問題について日本政府が「犯罪の主体」であることを認めていない、「慰安婦犯罪の不法性」を明確にしていないと批判した。そして、２０１４年のアジア連帯会議決定、「日本政府への提案」は「日本政府の国家的・法的責任履行」の実現をもとめる要求であったとして、その要求の実現をもとめると主張した。つまり、慰安婦問題で多年にわたり運動してきた韓日の運動団体が決別したファンダメンタリスト的、最大限綱領的立場からする合意全否定の主張であった。日本の運動団体のすでに見た声明は、合意の基本内容を評価した後で、追加条項に対する反発、合意発表の形式に対する厳しい批判を述べて、追加的な措置を日本政府に要求した。韓国の市民団体の連合声明はこれと異なり、12月28日合意の内容である謝罪と謝罪をあらわす措置に前進の契機をまったく認めない全否定の立場が特徴である。この声明は慰安婦問題の解決のために努力してきた挺対協や日本の運動団体の新しい模索を支持せず、発表の時点での慰安婦問題解決運動の逡巡、悩み、「パニック」を押しつぶしたのだとみることができる。

かくして、セウォル号事件につづいて、2015年の日韓合意は「売国的外交」として、朴槿恵大統領の第二の悪政例とされ、朴打倒の国民的気運のあらたな口火となっていったのである。

3　新しい運動のはじまり

この過程で、日本軍「慰安婦」研究会を立ち上げる準備会をつくっていた人々、李娜榮氏らの役割が注目される。この人々は、合意が「拙速な妥協になる可能性が高い」とみて、12月27日、合意の前日に声明「日本軍『慰安婦』問題、早まった『談合』を警戒する」を出していたのである。法的責任、法的賠償をみとめる解決でなければ受け入れられないと明確に述べていた声明である。第12回アジア連帯会議の決議を認めない立場であった。

当然ながら、朴槿恵政権が和解・治癒財団をつくり、日本政府からの10億円を使って、生存被害者、死亡遺族への金銭的支給を開始すると、日韓合意に反対した韓国の諸団体は日本政府が出す10億円に対抗し、それを受け取らない被害者のために募金活動をよびかけた。その動きの中から、２０１６年６月９日、「２０１５年合意の無効化と日本軍性奴隷制問題の正しい解決のため」の正義記憶財団が生まれた。この団体の説明には「１００万市民の参与で設立された」という言葉が使われる。韓国の運動圏の諸団体がつくり出した新しい組織である。この組織の特徴は、慰安婦被害者を「性奴隷」と呼ぶことにしたことである。この財団の理事長になったのは、元挺対協の共同代表で、盧武鉉政権で女性家族部長官となった池銀姫《チウニ》氏であった。

２０１６年10月、崔順実《チェスンシル》問題が爆発し、キャンドル革命がはじまった。12月９日国会で朴大統領の弾劾訴追案が可決され、大統領の職務は停止された。翌17年３月朴大統領の罷免が確定し、５月の大統領選挙でキャンドル革命派の文在寅氏が当選した。

文大統領は選挙公約に慰安婦合意について再交渉をもとめることを掲げていたが、２０１７年の後半は米朝対立が絶頂に達し、戦争の危険が現実のものとなったので、就任した文大統領は米朝戦争を阻止するために全力をつくした。慰安婦問題についてはほとんど触れないようにしていた。合意はうけいれられないというキャンドル革命勢力の意向を考えれば、公約通り、合意にかんする再交渉をもとめなければならなかったが、米朝危機の中で日本政府と対立することは避けなければならなかった。この点では支持勢力との間に緊張が生まれていた。文大統領としては女性家族部の長官に運動圏の人、成均館大学教授鄭鉉栢《チョンヒョンベク》氏を任命し、外交部に呉泰圭《オテギュ》ハンギョレ新聞論説委員室長を委員長とする慰安婦問題合意を検討させるタスクフォースを設置させた。このタスクフォースの報告書が提出されたのは、2017年12月28日であった。この報告書は、合意について、「謝罪と反省の表明」は進展があったと認め、日本からの10億円についても、評価した。しかし、追加的項目についてはきびしく批判し、総じて「被害者中心のアプローチ」が欠けていたことが欠陥だと強調した。

4 文大統領の政策

2018年1月元旦の新年の辞で、金正恩委員長の平昌オリンピック参加の意志が表明された。米朝の間に入る韓国の努力が効果をあげ、平和の方向へ情勢が転換したのである。

それから3日たった1月4日、文大統領は合意に反対する金福童、李容洙氏ら8人の慰安婦ハルモニ、それに運動団体代表と会って懇談した。その上で1月10日に新年の記者会見にのぞみ、慰安婦問題について次のように述べた。「日本が真実の認定と心からの謝罪をした時、被害者が日本を許すことができ、それが本当の解決だ。」「間違った結び目はほどかなければならない。」しかし、「破棄や再交渉を要求して解決する問題ではない。」

日本政府に再交渉を求めることはしないが、合意の実施を引き受けることもしないという最悪の決断であった。具体的には、日本政府が拠出した10億円と同額を韓国政府が出すことにし、「過去に行われた支出も韓国政府のお金で代替する」と述べ、「すでに受け取ったハルモニも、これまで受け取らなかったハルモニも、堂々とお金を受け取れるようなる」と指摘したのである。このとき、朴槿恵大統領時代につくられた和解・治癒財団は、すでに生存被害者48人中34人に1億ウォンを支給し、死亡した被害者199人のうち58人の遺族に2000万ウォンを支給していたのである。大統領の考えは受け取った被害者の主体性を尊重せず、被害者中心主義を否定するものだった。

南北首脳会談が実現し、米朝首脳会談も実現したのは2018年6月のことだった。このあと、7月、正義記憶財団と挺対協が合併し、正義記憶連帯となったのである。この新組織の理事長には正義記憶財団の理事長池銀姫氏が就任したが、すぐに池氏に代わって、挺対協の尹美香氏が理事長になった。正式名称は「財団法人日本軍性奴隷制問題解決のための正義記憶連帯」である。この点からすれば、挺対協が正義記憶連帯に発展解消したことになる。定款の前文で挺対協の活動と業績を継承し、正義記憶財団の設立趣旨と活動を継承するとうたっている。そして、第2条において、「財団は、日本軍慰安婦とよばれた日本軍性奴隷の制度問題の法的認定、真実究明、公式謝罪、法的賠償、責任者処罰などを通じる正しい解決をなしとげることによって、被害者の名誉と人権回復に寄与し、歴史教育と追慕事業を通じて未来世代をして日本軍性奴隷制問題を正しく記憶するようにさせ、武力葛藤および戦時性暴力再発防止と戦時性暴力被害者の人権回復に寄与することを目的とする」と明記している。つまり法的責任論に立つ日本軍性奴隷制問題の解決、歴史教育と追慕事業、戦時性暴力問題へのとりくみの三つの課題が設定されたのである。

8月韓国政府の103億ウォン支出がついになされた。正義記憶連帯は批判の談話をだした。「財団は解散されていない」という主張だった。9月金福童ハルモニが「和解・治癒財団即刻解散」の一人デモを開始し、正義記憶連帯がこれを助けた。

この8月には女性家族部の傘下機関である韓国女性人権振興院の研究事業として、日本軍「慰安婦」問題研究所が設立された。名称は研究所だったが、事業期間9か月の短期プロジェクトであった。ここには日本の一橋大学で博士学位を取得した尹明淑《ユンミョンスク》氏が働き始めた。ついで金昌禄《キムチャンノク》氏が所長として就任した。

実は、女性家族部は2014年8月に日本政府との係争中に慰安婦白書を発行するという考えを明らかにしたのであった。その作業は国民大学李元徳《イウォンドク》氏を責任者とする専門家チームに委託された。このチームには鄭鎮星《チョンジンソン》ソウル大教授・元挺対協共同代表や韓恵《ハネ》仁《イン》氏などが加わっていた。このチームの白書の第一次稿は2015年12月に女性家族部に提出されたが、合意後の混乱の中で、取扱いに困った女性家族部は研究報告書として2017年5月に女性家族部のホームページに発表した。この専門家チームの顔ぶれ、報告書の内容について、おそらく挺対協側から意見があったことは容易に想像されるところである。

だから、2018年に家族部が日本軍「慰安婦」問題研究所をつくると、正義記憶連帯の側からの強い異論がよせられたことは間違いないだろう。日本軍性奴隷制という認識はすでに確立されているということが主張されたであろう。そもそも金昌禄氏も李娜榮氏も、正義記憶連帯の理事なのである。金氏は11月末には所長を辞任して、去ってしまった。

11月21日韓国政府女性家族部は治癒財団を解散すると発表した。解散の理由ははっきりと説明されなかった。当然になされるべき財団の活動報告もなされず、日本政府がおくった10億円をどのように使ったのかも明らかにされなかった。ただ、財団がのこした残余金は10月末の時点で約57億8千万ウォン（約5億7800万円）であることが告げられ、韓国政府が支出した103億ウォンと合わせて、処理する方針であることが明らかにされた。公式発表につづく補足説明の中で、約4億円が生存元慰安婦被害者34名と被害者遺族58名に支給されたことが明らかにされた。実に政府の発表としては無責任極まる発表であり、日本の国民に与えた印象は極度にわるいものであった。

ただし、ここで慰安婦被害者と遺族に対して「すでに行われた支出も韓国政府のお金で代替する」とした文大統領の2018年1月の思い付きが放棄され、実行されずに終わったことが明らかになったのは幸いであった。

この治癒財団の解散は、韓国大法院での「徴用工」問題での判決とともに、韓国が日本に仕掛けた不当行為であると日本政府によって宣伝された。

2019年初め安倍首相は国会での所信表明演説で韓国を完全に無視することを宣言した。日韓外交経済抗争のはじまりである。

２０２０年春、尹美香氏は国政選挙に与党の比例政党である「共に民主党」から立候補することを決意して、正義記憶連帯の理事長を辞任した。後任の理事長には中央大学の女性学の李娜榮教授が就任した。あらためて李教授の見解を知ろうとすれば、同氏が雑誌『世界』に連載した「日本軍『慰安婦』問題解決運動史」１－８（２０１６年10月号から17年10月号まで）を見ればよい。その第７回で、李氏は２０１５年の合意について、次のように全否定している。

「『日韓合意』は、日本軍「慰安婦」当事者らが経験した苦痛の本質を無視し、運動の歴史的な意味に無知な代理人である韓国政府と、加害者である日本政府が強行した『野合』だった。にもかかわらず、韓国政府は日本政府との『約束』を守るとして合意履行条件の一つである日本の『見舞い金』10億円を受け取り、『和解・癒やし財団』を設立した。」同財団は、「『見舞い金』を受け取らせようとして被害者を懐柔、脅迫するといった問題を何度も起こしている。厚顔無恥にも、文在寅大統領就任後（…）にも理事会を開き、現金支給の審議議決７件を完了し、一部に一時支給を完了したと宣伝している。」（『世界』２０１７年９月号）。

「治癒財団」の活動についての非難は学者にふさわしくない暴論である。李氏によって率いられる正義記憶連帯は、日本軍性奴隷制問題について日本政府と国民から「正しい解決」をうることはできないと断念し、永久に闘争をつづけると覚悟をきめているようにみえる。水曜デモと少女像はその永久闘争の手段であり、象徴となった。

5　李容洙ハルモニの語ったこと

これでいいのか。慰安婦ハルモニとして運動してきた人々がこの世を去るか、認知症の病の中に倒れるかする中で、最後の発言者となった李容洙ハルモニが感じた不安、懸念、憂慮が本年5月の記者会見となったと考えられる。李容洙ハルモニはさまざまなことを語ったが、私が注目したのは、次のいくつかの点である。

第一は、「性奴隷」という呼称はなじめない、「慰安婦犠牲者」というのが、いいということである。第二は、慰安婦問題は解決しなければならないということである。第三は、日本の責任を追及することもいいが、韓日国民の交流を通じて未来の歴史を準備することが必要である、ということが強調された。第四に、水曜デモはいまのままでいいのかと心配する気分が述べられた。

これらの諸点それぞれが何を意味しているか、明確に説明されていない。しかし、ぼんやりとした形であるが、慰安婦問題運動の現時点の問題性を指し示しているように私は感じた。

慰安婦問題はいまや棚上げ状態、塩漬け状態にあるが、このままでよいはずはない。

今から振り返ってみれば、やはり２０１５年の日韓合意は30年間の慰安婦問題解決運動の最後に来た成果だったと認めなければならない。この間の各国の被害者たちの告発の力、そして韓国、フィリピン、台湾、オランダ、インドネシア、日本の運動団体の努力は大変なものであった。もとよりソウルの日本大使館の前でおこなわれた１４００回をこえる水曜デモの運動は偉業とも言えるものだ。その被害者、民間団体の運動に最後に韓国の女性大統領朴槿恵氏が日本の安倍首相に対して迫った執拗な解決要請がくわわった。米国のオバマ大統領の支持も明らかに影響した。日本の首相が意に反しても解決に向かって踏み出すようにうながすために、自分たちの要求の内容と形式を再考し、修正したものを提示したのは、韓国と日本の運動団体だった。被害者ハルモニはあまりに高齢であり、のこされた生涯の時間はすでに尽きようとしていた。解決をもとめる相手は歴代の日本首相の中で最悪の人、河野談話の否定を願う歴史修正主義者安倍晋三である。その人を相手に挺対協と「全国行動」は日本の首相ならこれを受け入れなければいけない、受け入れうるはずだとして第12回アジア連帯会議の決定を差し出した。日韓両政府の外交交渉の中で検討してほしいと求めたのである。外交交渉は力を背景にした交渉であってみれば、結果は妥協による。運動団体は自分たちの案が100%通るとは思っていなかっただろう。

安倍首相は追い込まれ、回答を出すことを強いられた。日本国首相が回答を出す以上、民主党野田政権以来、日韓の関係者のあいだで論議され、検討されてきたものの線上で、これまでのものより一段階進んだ回答、アジア女性基金を越える回答を出すほかはない。安倍首相はおそらく悔し涙を流しながら、秘密交渉でまとめられた回答案をのんだのだが、その回答に韓国側がのめば出血するようなトゲをつけることを主張したのだろう。それが私の言った合意内容の追加条項である。最終的解決、国際機関で批判はしない、少女像の撤去に努力せよ、などである。さらに回答を出す形式も、首相の書簡でなく、首脳会談の合意文書でもなく、外相会談の合意文書ですらなく、外相会談後の口頭発表にしてしまった。

しかし、合意の内容、政府責任の認定ある謝罪、謝罪を表す国庫金の差し出しは、日本の運動団体の声明、韓国大統領任命のタスクフォースの報告書がともにみとめているように、あきらかにこれまでの回答をこえた前進であった。そして、日本からの10億円を基に和解・治癒財団の活動が行われ、生存被害者48人中36人に1億ウォンの治癒金が届けられ、受け取られたのである。

とすれば、2015年合意から価値ある内容を救い出し、日本の新しい首相が韓国の大統領との首脳会談にのぞみ、河野談話を継承した上で、政府の責任をみとめて謝罪した安倍首相の謝罪を再確認すれば、あらたな合意をつくりだすことが望めるのではないか。私はそう考えるようになった。

日本の新首相が政府の責任を認めて安倍首相の謝罪を再確認すれば、韓国の大統領は、うけとった10億円から生存被害者と被害者遺族に一定額をたしかに渡した、受け取った被害者・遺族は日本政府からの謝罪のしるしとしてうけとったと笑みをうかべた人がいたことを報告するだろう。その上で日本政府の10億円ののこった額と韓国政府の出した100億ウォンとを合わせて、慰安婦問題に関する共通の歴史認識をつくりだすための研究所を韓国政府の責任でつくることを認めてほしいと提案するのがいい。これは文在寅大統領の公約にふくまれており、大統領就任後にすでに試験的な試みがはじまっているものの本格的実現になる〔注〕。資料と研究成果の提供など、日本政府に協力を要請することは可能であり、必要である。日本政府がこの提案を拒むことはありえない。このような対話、交渉のすべてを日韓首脳会談のコミュニケに記録するのがよい。

日本では幸いなことに安倍首相の政権は勢いを失い、終わりの時が近づいている。次期総裁、総理には石破茂氏や岸田文雄氏の名が挙がっている。次期総理は安倍首相ができなかった日韓関係の改善のために努力しなければならない。もしも岸田氏が次期総理になれば、自分が関与した2015年日韓合意を無視と忘却から救い出し、慰安婦問題の解決に向かうのは当然であろう。もとより平壌と東京に連絡事務所をひらくという日朝関係打開案を2012年総裁選の公約にかかげたほどの日朝関係改善論者である石破氏が総理になっても、おなじことが期待される。

〔注〕韓国女性人権振興院の慰安婦研究所事業は1年ずつ延長されつづけ、2020年12月までに事業がつづくことになっている。金昌禄氏がやめてからずっと空席であった所長職には、2020年3月に金ソラ氏が就任しているとのことである。慰安婦問題の研究所づくりは文在寅大統領の100大公約の一つであったのだから、ここではっきり国家事業として研究所を設立し、存在する資金を投入するのがふさわしい。

補論1　慰安婦を定義する——アジア女性基金の経験から

慰安婦問題は、私たちの社会が30年間にわたりとりくんできた課題であった。韓国では、ソウルの日本大使館前での毎週水曜日に行われるデモが、２０１２年末に１０００回に達し、２０１９年末には１４００回を迎えるまでにいたっている。にもかかわらず慰安婦問題が解決をみていないというのが万人の理解であろう。どうしてこうなのだろうか。

そもそも慰安婦問題の解決とは何なのか、共通の理解がない。慰安婦被害者が何を望んでいるかも、共通の認識がえられていない。慰安婦とは誰なのか、慰安婦の定義は何なのか、それもたしかではない。

とすれば、慰安婦の定義にたちかえって、考えてみることは意味のないことではないだろう。そのことを試みてみる。

1 「慰安婦」という認識

もとより戦争に行った日本の兵隊は、誰でも「慰安所」、「慰安婦」ということを知っていた。戦後の日本では、作家たちがはやくから「慰安婦」のことを主題にした小説を書いていた。在日朝鮮人の作家金達寿《キムタルス》は長編小説『玄界灘』（1954年）の中で、「男子にたいする徴兵・徴用はもちろんのこと、若い娘たちをも前線に引き出していって、その不潔な軍隊のいわゆる慰安婦としていることはもはや公然の事実であつた」と書いていた。

韓国では、建国2年後にはじまった朝鮮戦争の中で、韓国国軍の一部の幹部は日本軍時代の記憶から自分たちの兵士のために「特殊慰安隊」を組織した。そのこととどのように関係するかわからないが、戦争が終わると、韓国にのこった米軍の基地のまわりに集まる、米兵に身体を売る女性たちが「慰安婦」と呼ばれるようになった。朝鮮日報を「慰安婦」で検索すると出る記事は1957年から1976年までに88件あるが、すべて米軍を相手とする売春婦の記事であった。他方で、日本の戦争の末期に、未婚の女子が女子勤労挺身隊へ募集されたとき、挺身隊に行ったら、日本兵の性の餌食になると恐怖したことを記憶している人々がいた。自分は結婚を急いで、挺身隊行きを免れたが、挺身隊へ行った同世代の娘たちは日本兵の慰みものにされてしまったのではないか、そういう思い出したくない記憶が人々のこころに沈んでいた。韓国では、「慰安婦」についてのはっきりした認識は存在しなかった。林鍾国《イムジョングク》のリポート「ドキュメンタリー　女子挺身隊」（『月刊中央』１９７３年11月号）がほとんど最初の記事であった。

日本では、１９７０年代に入ると、千田夏光の著書『従軍慰安婦――〝声なき女〟八万人の告発』（１９７３年）が刊行され、ついで金一勉《キムイルミョン》が『天皇の軍隊と朝鮮人慰安婦』（１９７６年）を刊行した。千田は韓国でも取材して、事実に即そうと努力したが、金一勉は日本帝国主義への怒りにまかせて、千田の本を前提に慰安婦物語を文学的に叙述した。韓国では、千田本がただちに翌年翻訳出版された（『従軍慰安婦：声なき女人、八万人の告発』新現実社、１９７４年）。そして金一勉の本は翻訳されたが、林鍾国編著『挺身隊実録』（日月書閣、１９８１年）として出版された。日本では慰安婦といわれたものが韓国では挺身隊になるという明確な例である。

１９８４年になると、タイに永住して故国と断絶していた「挺身隊ハルモニ」盧寿福《ノスボク》さんが3月にバンコックとソウルを結んだテレビで妹と対面し、5月にはソウルに一時帰国して話題になった。中央日報は17日から31日まで11回にわたり、「私は女子挺身隊——盧寿福ハルモニ恨の一代記」を連載した。8月24日には韓国キリスト教協議会女性委員会と韓国教会女性連合会は訪日する全斗煥《チョンドゥファン》大統領に書簡をおくり、女子「挺身隊」に対する謝罪を日本にもとめるようにはじめて要求した。

「日帝末期韓民族に加えられた収奪政策の一つが『挺身隊』問題である。『挺身隊』という名で強制的に女子たちを動員し、軍慰安婦におくり、性の道具として悲惨に蹂躙した。……このまま黙過することはできない。ただちに謝過をうけなければならない。」

1987年韓国に民主革命がおこった。軍事政権から解放された人々は日本に対して植民地支配反省を迫る声をつよめはじめた。その時、1989年、吉田清治の問題の書『私の戦争犯罪』(1983年)の翻訳が『私は朝鮮人をこのように捕まえて行った』という題目でソウルの清渓研究所から出版された。済州島での人狩りを実行して、200人の女性を海南島におくったという人物の贖罪の書は文学的フィクションにすぎないものだったが、韓国の人々に大きな印象をあたえたようだった。

1990年1月4日から「梨花女子大尹貞玉《ユンジョンオク》教授『挺身隊』怨恨のこる足跡取材記」が『ハ

ンギョレ新聞』に4回連載された。尹氏はまさに挺身隊恐怖の記憶をもつ当事者で、教会の女性たちとの福岡、沖縄、タイ、パプア・ニューギニア調査をふまえ、吉田証言にそってこの連載を書いたのである。尹氏の「挺身隊という名の慰安婦」を忘れてはならないとするこの文章はつよい印象をあたえ、「挺身隊問題」をイッシュー化するのに大きな役割を果たした。

この年、日本の国会での政府委員の答弁が韓国の女性たちを揺り動かし、10月17日、女性団体八団体が、挺身隊問題で海部首相と盧泰愚大統領の双方に公開書簡を出すにいたった。「証言によれば、朝鮮人女性たちは『女子挺身隊』という名で、あるいは雑役婦の仕事だとだまされて、さらには田畑で働いているところを人狩りさながらに連れて行かれ、各戦場に設けられた軍隊慰安所の慰安婦にさせられたといいます。」このように述べて、6項目要求が提出された。その第1項は「日本政府は朝鮮人女性を従軍慰安婦として強制連行した事実を認めること」であった。その根拠として、吉田清治の二冊の本が注記されていた。第2項は「公式的に謝罪すること」、第3項は「蛮行のすべてを自ら明らかにすること」、第4項は慰霊碑の建立、第5項は「生存者と遺族たちに補償すること」、第6項は「歴史教育の中で教えること」であった。これらの要求は被害者ハルモニとはいかなる協議もなしに、女性運動家たちがまとめたものである。

回答を待つ間に、8団体は、11月16日、韓国挺身隊問題対策協議会（略称「挺対協」）を結成した。挺対協の結成にいたる人々の活動は、慰安婦問題を提起するのに大きく貢献したものであったが、それを挺身隊問題と表現したことは不正確な事実認識に基づいたものであり、当初より大きな限界をもった運動であった。

しかし、状況が91年には劇的に変わった。挺対協の設立が報じられると、挺身隊に動員された女性、慰安婦にされた女性たちがつぎつぎに連絡をとってくるようになったのである。その第一号が金学順《キムハクスン》氏だった。彼女は1991年8月14日、挺身隊問題対策協議会で記者会見した。「挺身隊慰安婦として苦痛を受けた私」は「このように堂々と生きている」と言う被害者の登場は大きな衝撃をあたえ、問題はまさにこの瞬間に全社会的に提起されたのである。挺身隊問題の提起は、被害者が名乗り出てくるのをあきらかに助けていた。挺身隊員という名称と挺身隊問題という物語は被害者にとってこのましいものであったのである。

2　河野談話とアジア女性基金

挺身隊問題をつきっけられた日本政府はこれをうけとめて、慰安婦問題の調査研究を開始した。盧泰愚《ノテウ》政府のうながしにもたすけられた。調査結果の第一次発表は１９９２年７月６日に加藤紘一官房長官から発表がなされた。これをふまえて、韓国政府の第一次報告書が１９９２年７月31日に「日帝下軍隊慰安婦実態調査中間報告書」として発表された。この報告書は、女子勤労挺身隊に動員された女性が「慰安婦となった可能性はそれほど高くないと考えられる」と明確に否定した点で認識を前進させたが、「人狩りで慰安婦を充員することもした」と吉田証言を採用している欠陥を有していた。

日本政府は、さらなる慰安婦問題調査を続けて、１９９３年８月４日、第二次調査結果とともに河野官房長官談話を発表した。核心部分は次のとおりである。

「慰安所は、当時の軍当局の要請により設営されたものであり、慰安所の設置、管理及び慰安婦の移送については、旧日本軍が直接あるいは間接にこれに関与した。慰安婦の募集については、軍の要請を受けた業者が主としてこれに当たったが、その場合も、甘言、強圧による等、本人たちの意思に反して集められた事例が数多くあり、更に、官憲等が直接これに加担したこともあったことが明らかになった。また、慰安所における生活は、強制的な状況の下での痛ましいものであった。」「当時の朝鮮半島はわが国の統治下にあり、その募集、移送、管理等も、甘言、強圧による等、総じて本人のたちの意思に反しておこなわれた。」

河野談話は、慰安婦被害者に対して、「いわゆる従軍慰安婦として、数多くの苦痛を経験され、心身にわたり癒しがたい傷を負われた全ての方々に対して心からなるお詫びと反省の気持ちを申し上げる」と表明した。

この「お詫びと反省の気持ち」を表す措置については、談話は何も述べておらず、その検討は１９９４年春６月に生まれた村山自民社会さきがけ三党連立政権にもちこされた。村山政権は95年7月、財団法人「女性のためのアジア平和国民基金」を設立し、慰安婦被害者のために首相の謝罪の手紙と「償い」(atonement, 贖罪)金を届ける事業を開始した。「償い」金を賄うために国民への募金がおこなわれることになり、かつ政府資金による医療福祉支援事業もおこなわれることになった。後者はのちに現金による支払いにかわることになった。

そのときから２００７年の解散時までに、基金は、韓国、台湾、フィリピンの慰安婦被害者、それぞれ60人、13人、２１１人に、償い金２００万円と政府拠出金による医療福祉支援（韓国、台湾３００万円相当、フィリピン１２０万円相当）を渡した。インドネシアで被害にあったオランダ人被害者７９人に対しては各々医療福祉支援金３００万円が支払われた。この他にインドネシアでは、同国政府の要請に応じて、老人福祉施設建設のために、政府拠出金から３億７０００万円が提供された。

この事業をおこなうにあたって、アジア女性基金は日本政府との協議の上、事業対象者としての慰安婦についての定義を定めた。この定義は、１９９５年10月25日に基金の活動を説明するために出版されたパンフレットの冒頭に発表された。その後、現実の事業の展開の中で微調整がくわえられたが、基本的に基金の活動の終了まで維持された。当初の定義は次のようなものである。

「『従軍慰安婦』とは、かつての戦争の時代に、日本軍の慰安所で将兵に性的な奉仕を強いられた女性たちのことです。」

つまり、慰安婦とは、戦争をしている日本軍の慰安所で将兵に性的な奉仕をさせられた女性だが、それは本人の意に反しており、耐えがたく苦痛で、人間としての尊厳が踏みにじられた、本人からすれば強制されたことであったと見ているのである。過去に売春婦であったか、そういう経験のない娘であったかにかかわりなく、日本軍の慰安所の体験は「強いられた」もの、耐えがたい苦痛だと感じてきた人たちなのだ。慰安婦は被害、受難を強制された人びと、強制被害者、強制受難者だと言える。

事業過程での調整が加えられた結果、この定義は最終的には次のようになった。これは基金が作成したデジタル記念館「慰安婦問題とアジア女性基金」の展示の冒頭に記されている。

「いわゆる『従軍慰安婦』とは、かつての戦争の時代に、一定期間日本軍の慰安所等に集められ、将兵に性的な奉仕を強いられた女性たちのことです。」

修正点は「一定期間」という言葉を補い、「慰安所等」とした点である。これは、正規の軍慰安所がないところで、日本軍の部隊が周辺住民の女性を暴力的に拉致して部隊近くの建物に一定期間監禁して性的奉仕を強いた（純然たる連続レイプを内容とする）ケースを準慰安所として、基金の事業の対象に含めるためだ。フィリピンでの基金事業の対象者になったのは全員がこのケースの被害者だった。中国人の慰安婦訴訟をおこなった被害者もほぼ全員がこのケースの被害者であった。

アジア女性基金の定義で決定的なことは、「日本軍の慰安所」、「日本軍の慰安所等」に集められた女性であるという認定である。「慰安所」は、その当時の軍のさまざまな文書では、「特殊慰安所」、「性的慰安所」、「性的慰安ノ設備」などと呼ばれている。軍が戦争遂行のため、軍の将兵の性的欲望を充足させ、戦争を遂行させるために、一般婦女に対する強姦などの行為を減らすために、戦争の現場、軍の駐屯地の内外に設置した設備である。

軍の慰安所は、当然ながら通常の公娼制度を前提として、女性に性的な行為をさせて、その代価を与えるという関係を基本として組織された。しかし、戦争を行っている軍が戦争をしている軍の将兵のために戦場の近くに組織した設備であるため、そこで女性たちがさせられた行為は通常の公娼制度にもとづく売春とは異なり、さまざまな強制の要素をともなう行為であったと考えられる。さらにそのような状況の中で女性たちが、自分たちは日本軍の将兵に性的な行為、奉仕を強いられたと感じ、苦痛と感じたことが訴えられている。慰安婦として名乗り出て、申告ないし登録した人々はそのような人々であると考えられる。

その意味では、アジア女性基金の慰安婦の定義は客観的な、静態的な定義ではなく、名乗り出る被害者と与えた苦しみを償おうとする事業主体（国家・国民）との対話にもとづく主体的な定義であると言うことができる。

アジア女性基金は、償い金に国庫金をあてることはできないという当初の限定をやぶって改造することができなかった故に、韓国と台湾とでは、しかるべく事業をおこないえず、国民間の和解にも近づけなかった。しかし、慰安婦の定義については妥当なものであったことは、何人も否定し得ないであろう。

3 挺対協の要求

挺対協は早くから慰安婦問題を国際機関に訴えて、そこでの普遍的な規準、正義の観念から韓日政府の妥協的な動きに対抗することを追求した。1992年8月早くも挺対協の代表李効再《イヒョジェ》、申蕙秀《シンヘス》、鄭鎭星《チョンジンソン》氏と黄錦珠《ファンクムジュ》ハルモニはジュネーヴの国連人権小委員会に参加し、世界教会協議会の名前で日本軍慰安婦問題についての最初の口頭発表をおこなった。このとき、日本からはすでにこの年2月と5月に人権小委員会と現代型奴隷制実務者会議で戸塚悦朗弁護士がNGO国際教育開発の名で慰安婦問題について提起を行っていた。彼も日本政府の態度を批判し、国連の介入を求めていたのである。これ以後、戸塚弁護士と挺対協の協力が進んでいく。

1993年1月は、前年からのボスニア内戦の中で、セルビア人部隊がムスリム女性5万人をレイプしたというセンセーショナルな暴露記事が『ニューズウィーク』(1月4日号)に載って、戦時性暴力の問題が国際的に大きな話題になる時であった。この記事自体は根拠のあやしい反セルビア・キャンペーンの一環であったが、内容が内容だけに世界の女性たちの心を揺り動かさずにはおかなかった。そしてセルビアが悪者として国際社会の糾弾を浴びる中で、5月には、はやくも国連安保理事会が旧ユーゴスラヴィア国際戦犯法廷(ICTY)の設置を決定するにいたるのである。

このとき挺対協の代表申蕙秀氏は、戸塚悦朗弁護士とともに人権小委員会で、バン・ボーヴェンを特別報告者として慰安婦問題について報告を出させようと活動した。1993年5月の人権小委員会現代奴隷制部会で、国際友和会(戸塚悦朗)、朝鮮人強制連行調査団、国際法律家委員会(ICJ)、世界教会協議会、挺対協、朝鮮民主主義人民共和国太平洋戦争被害者補償対策委員会、フィリピン性奴隷制被害者調査団などが調査報告、被害者証言をおこない、特別報告者がこれらの情報を考慮に入れることを要請した。戸塚弁護士が5月17日に人権委員会に提出した意見書には、「日本は性的奴隷状態が強制でつくられたものだという事実を認めないでいる。従軍慰安婦は日本軍人のための志願奉仕ではなく、日本皇軍と政府により組織的になされた、持続的な大規模強姦の醜悪な形態だった」と主張している（『挺身隊資料集』Ⅳ、103－105頁）。

6月にはウィーンで国連世界人権会議が開かれた。各国の慰安婦被害者も訴え、関連団体も積極的に主張を展開した。6月17日挺対協、太平洋戦争犠牲者遺族会、フィリピンと北朝鮮の委員会の四者はウィーン会議内のアジア女性フォーラムを開き、決議文を出した。国連に対して「軍隊による性奴隷犯罪を調査し、戦犯を起訴しうる効果的な機構（たとえば国際常設犯罪裁判所）」を開設することを求め、日本政府に対しては、国連の権限に挑戦せず、戦犯を処罰し、犠牲者に謝罪と賠償をおこなうように求めている（『挺身隊資料集』Ⅳ、108頁）。そして採択されたウィーン宣言と行動計画には、「とりわけ、特に殺人、組織的強姦、性的奴隷制及び強制妊娠など武力紛争の状況下における女性の権利のすべての侵害について、特に効果的に対応をすることが必要である」という一節がもりこまれた。

慰安婦問題は、ユーゴ内戦における戦時性暴力問題としての組織的強姦、性奴隷制、法的処罰の対象の犯罪行為と同一視されることになったのである。挺対協は6月28日武藤嘉文外相の訪韓についての声明を出す中で、ついに「日本政府は徹底した真相究明と謝罪、責任者処罰、精神的、物質的賠償を施行せよ」という要求を掲げるにいたった（同上、1

09頁）。この「責任者処罰」が挺対協の六項目要求に付け加えられ、七項目要求になっていくのである。

新しい立場は河野談話に対する批判にもあらわれた。挺対協は談話発表のその日のうちに「日本政府の強制従軍慰安婦問題第二次真相調査発表に対するわれわれの立場」なる発表を行い、厳しく批判した。発表文は「慰安婦は、当時公娼制度下の日本売春女性と異なり、国家公権力により強制して、軍隊で性的慰安を強要された性奴隷である」と繰り返している。

こうして慰安婦は性奴隷であるという定義が採用され、責任者処罰という要求が押し出される。挺対協は慰安婦被害者の気持ちから遊離した運動への道に進むことになったとみることができる。

4　慰安婦問題を否定する人々

性奴隷という定義の対極にくるのが、売春婦という定義である。慰安婦問題を否定し、否認する人々が近年反動の流れの中でますます主張をつよめている。

2007年6月14日に『ワシントン・ポスト』に載せられた櫻井よしこ氏らの「歴史事実委員会」の意見広告〝The Facts（これが事実だ）〟が代表的な例である。次のように書かれている。

「日本陸軍により女性たちが自らの意志に反して売春を強いられたことを積極的に示す歴史的文書は、これまで歴史家や調査機関によってひとつも発見されていない。」（事実1）

「日本陸軍に配置された『慰安婦』は、一般に報告されているような『性奴隷』ではなかった。彼女たちは、当時世界中どこにでもありふれていた公娼制度 the licensed prostitution の下で働いていたのである。事実、女性たちの多くは、……大佐、中佐、少佐や、それどころか少将が貰うよりもはるかに多額の収入をえており、彼女たちの待遇は良かったという事実を証明する多くの証言がある。」（事実5）

もう一つあげれば、西岡力氏の著書『朝日新聞「日本人への大罪」』（悟空出版、2014年）の冒頭には、次のように書かれている。

「一言で言うなら『慰安婦は存在したが、何か解決すべき課題が残っているという意味の慰安婦問題は存在しなかった』である。慰安婦は先の戦争の時代に存在した歴史的事実である。彼女たちの女性としての尊厳と名誉が傷つけられたことも紛れもない事実だ。

……しかし、日韓両国の間の外交課題にその存在がなることはなかった。なぜなら、彼女たちが慰安婦になったのは、権力による強制ではなく、当時の日本と朝鮮に厳然とあった絶対的貧困の結果だったからだ。貧しさのために女性たちが吉原のような公娼街で働かされたり、慰安所ではたらかされたりする悲劇がなくなるのは、日本でも韓国でも戦後の高度経済成長により絶対的貧困が一定程度解決されてからのことである。」

これは遠回しな言い方だが、言われているのは、慰安婦とは貧しさ故に身体を売った売春婦にすぎないということである。この立場が半世紀の沈黙をやぶって名乗り出て、正義をもとめた慰安婦被害者を歴史から抹殺する立場であることはあきらかである。

5　慰安婦は抗議する人、要求する人である

慰安婦は抗議する人、要求する人であるとするなら、何をどう要求するのかが問題となる。しかし、慰安婦が登場する前から要求は運動する人々によってまとめられていた。ハルモニたちは挺身隊犠牲者だと名乗り、挺対協の6項目要求を自分たちの要求として受け入れた。挺対協が責任者処罰を要求に加えれば、それも支持した。もっとも性奴隷という

呼称はハルモニたちが好まなかったようである。

運動団体の主張が最初に変化したのは、2012年のはじめのことであった。この年2月に出た日本の運動団体の連合体「全国行動2010」のニュースに、同団体の共同代表の一人花房俊雄氏の名で提言が発表された。政府間協議での政治決断による解決をもとめるとして、①被害者の心に響く謝罪、②政府資金による「償い金」の支給、③人道支援という考えの拒絶、の3項目を提案していた。これは長年慰安婦被害者と裁判闘争をつづけてきて、被害者が何を望んでいるかと考え続けてきた花房氏の思い切った新方針が日本の運動体の全体に支持されたものであった。この提言にもとづいて、2013年10月には解決案づくりの政府間協議がなされたが、生まれた合意は実現されずにおわったのである。

2014年から朴槿恵大統領と安倍首相の間でさらなる交渉がはじまる段階で、2014年6月2日に韓国挺対協と日本の運動団体「全国行動」は第12回慰安婦問題解決アジア連帯会議の決議として、「日本政府への提案」を採択した。これは日本の「全国行動」と韓国挺対協の共同提案に基づくものであった。①河野談話の継承発展に基づく解決、②日本政府の責任をみとめた謝罪、加害事実の承認（軍が慰安所を設置、管理したこと、そこで意に反して慰安婦・性奴隷にされたこと、植民地、占領地、日本などで被害は異なるが、甚大な被害がいまも続いていること、これは「重大な人権侵害」であったこと）、③翻すことのできない方法で謝罪を表明すること、④「謝罪の証としての賠償」、⑤真相究明と再発防止。このような内容で朴槿恵大統領と安倍首相が合意して、解決してほしいという提案である。挺対協の7項目要求と比べると、第1項は消え、第2項の「公式謝罪」は表現が修正されており、第3項と第4項は消え、第5項の補償支払い、第6項の歴史教育だけがのこされ、第7項の責任者処罰は消えていた。法的謝罪、法的賠償という言葉はつかわれていない。

私はこの提案を画期的なものと考え、以後この提案を支持する活動をおこない、挺対協代表尹美香氏、今は亡き金福童ハルモニとともに壇上にあがって話をした。そのさい、金福童ハルモニは謝罪と法的賠償を求めると発言されるのに気付いた。そこで私はハルモニたちにアジア連帯会議提案は自分たちの願いだと言ってもらうことがもっとも力になると考え、２０１５年12月23日に挺対協を訪問した折、尹代表にその旨を要望もしたのである。

つまり慰安婦ハルモニたちは心底何を望んでいるのか、自分でもはっきりさせることが難しい立場にあったのである。私はアジア女性基金が発足した直後、各国の慰安婦被害者の方々とお目にかかり、お話を伺う機会があった。１９９５年6月30日のことであった。

その折、9人の方からお話を聞いたが、2人のハルモニが「私の青春をかえしてほしい」と言われた。それは本当に魂の叫びであると思った。しかし、それはかなえられない。そのときからさまざまな経験をして、いまになってみて、私は、被害者は日本の国家の代表から真摯な謝罪の言葉を聞きたいのであり、その謝罪のしるしとして金銭的な支払いをもとめてきたのであると考えるにいたった。しかし、重要なことは、その解決策を日本の国民がうけいれること、そして韓国の国民が支持してくれることを被害者はのぞんでいたことである。この人々の受けた心と身体の傷はそれほどに深いということである。その意味では、被害者ハルモニの願いははたされていないし、問題は解決されていないと言わざるを得ない。30年にわたる運動、努力にもかかわらず、大多数のハルモニたちはその願いをかなえられず、この世を去ってしまった。このことに対しては運動に参加してきたすべての者が責任を感じなければならない。

（東アジアの和解と平和の声第四回シンポジウム　２０１９年12月31日、ソウル市庁西小門別館にて）

補論2 「反日種族主義」論を批判する

李栄薫氏の来歴

これは書評ではない。韓国において『反日種族主義――大韓民国危機の根源』なる著作が10万部をこえるベストセラーになったという現象と、翻訳本『反日種族主義――日韓危機の根源』が日本において40万部のベストセラーになったという現象を比較して論評することが目的の文章である。

ソウルで『反日種族主義――大韓民国危機の根源』が刊行されたのは昨年7月のことであった。表紙には「李栄薫《イヨンフン》他」と著者が表示されていたが、李栄薫氏の他に、金洛年《キムナクニョン》、鄭安基《チョンアンギ》、李宇衍《イウヨン》、朱益鍾《チュイクチョン》、金容三《キムヨンサム》の五氏が執筆者であることがわかる。全部で25章のうち、李栄薫氏が8章、朱益鍾氏が6章、金容三氏が4章書いている。この3人が中心である。

　李栄薫氏は韓国の経済史分野の第一級の学者として知られた人である。植民地近代化論の主張者であり、ニュー・ライトの論客としても有名なソウル大学の教授であった。2000年代に入って、しばしばその発言、行動、出版が韓国社会で注目を集めて、波紋をひろげ、論議をよんできた。

　最初は2004年のMBCのテレビ討論会に出演して、慰安婦問題について発言すると、「慰安婦を公娼と呼んだ」という非難がおこり、挺身隊問題対策協議会から糾弾され、国立大学教授職を辞任せよと要求をつきつけられた。李氏はたまらず頭を坊主刈りにした上で、ナヌムの家を訪問し、ハルモニたちに謝罪したと報道された。

　2006年には、内外の学者27人とともに、論文集『解放前後史の再認識』2巻本、全1400頁を出版して、『解放前後史の認識』シリーズ6冊（ハンギル社、1979−89年）の権威に挑戦した。70年代の韓国民主化運動が切り開いた開放的な空間の中で、宋建《ソンゴ》鎬《ノ》、姜万吉《カンマンギル》氏らが伝統的、反共主義的、冷戦的な韓国史像に対抗して打ち出した新民族主義的韓国史像が社会的に確立していたのに再批判を加えたのである。李氏は、西洋史家朴《パク》枝香《ジヒャン》、延世大教授金哲《キムチョル》氏らとともに共同編集をおこない、在米韓国人蘇貞姫《ソジョンヒ》（サラ・ソー）

氏や日本人歴史家数人も執筆陣に加えた。この本は大きな波紋をよんだ。李氏の出版の意図がわかって、執筆者の中から抗議にまわる人も出るという騒ぎもあった。

李氏は、いささかもわるびれず、この本の論文を紹介しながら、出版にこめた意図を説明する一般書を2007年に出版した。その本は『大韓民国の物語』である。この本が1400頁の学術論文集『再認識』と違い、多く売れたことは間違いないであろう。これが当時佐賀大学准教授であった永島広紀氏によって翻訳され、「韓国内で猛攻撃を受けたベストセラーついに翻訳」と帯にうたって、文藝春秋社から出版されたのは2009年のことである。

李氏は、こんどは教科書出版に参加して、2008年には教科書フォーラム作『韓国現代史』を責任編集者として刊行した。

この時期の活動において、李氏が力を入れたのは李承晩《イスンマン》大統領の再評価、朝鮮戦争に関するブルース・カミングスの修正主義的歴史像の批判、それに慰安婦問題であった。それぞれ論ずべき論点を提示したと評価できる。慰安婦問題について述べたところは、慰安婦と挺身隊は違うとして、慰安婦をおくりだしたのは「女衒」という業者だったと主張し、慰安婦強制連行説を否定している。だが、慰安婦には行動の自由がなく、「性奴隷に他なりませんでした」と認めて、吉見義明氏の議論に賛成した。日本軍の非人道的な戦争犯罪に頬かむりはできない、とも述べていた。

このような活動をつづけたが、自分の意見が韓国の学界、言論界では正当に受け止められないという不満を李栄薫氏は募らせていたのだろう。２０１６年から17年に高まったキャンドル革命によって、朴槿恵大統領が打倒され、文在寅大統領が出現すると、李栄薫氏の危機意識が決定的に高まったと考えられる。

２０１８年ソウル大学を定年退職した李氏は、李承晩学堂を設立し、その校長となり、猛然と新しい旗をかかげて、言論戦争に突き進んだ。２０１８年12月から「危機韓国の根源――反日種族主義」と「日本軍慰安婦問題の真実」という二つの連続講座を45回にわたって実施した。この講義は李承晩ＴＶとしてインターネットで動画配信もされた。李氏がかかげた活動の旗が「反日種族主義に反対する」というものであり、二つの連続講座から25の講座をえらんで、２０１９年7月に出版したのが、韓国版の本書である。先に紹介した朱益鍾氏は李承晩学堂の中心メンバーであった。

「反日種族主義」

反日種族主義とは何か。李栄薫氏は序論で説明している。韓国は「嘘の国」である。韓国民は「嘘をつく国民」であり、韓国政治は「嘘をつく政治」であり、韓国の学問は「嘘をつく学問」であり、韓国の裁判は「嘘の裁判」である。このようにショッキングな言葉をならべた上で、嘘の最大の例として、戦時中朝鮮人が奴隷のように強制連行されて日本で酷使されたという主張だと説明される。そのような嘘をうみだす土台は「お金と地位こそが全ての幸福の根本だという価値観」、「物質主義」、それに「種族は隣人を悪の種族とみなす」という「シャーマニズム」だとされ、この二つがむすびつくとき、「隣の日本を永遠の仇と捉える敵対感情」、「反日種族主義」が生まれるのだと宣言される。

韓国が「嘘の国」だという決めつけから、「反日種族主義」の宣言まで、どぎつい言葉が並べられるだけで、十分な説明がなく、よくわからない主張である。

このように「反日種族主義」なる新たな敵を設定しておいて、その具体的な現れを検討し、批判するのが本書の本文である。第一部「種族主義の記憶」では、日本の植民地統治についての韓国人の批判の虚妄性が説明される。中心がいわゆる徴用工問題である。この部分は李宇衍氏が書いている。李氏によれば、朝鮮人労働者の徴用は1944年9月以降の1年間のあいだだけで、それ以前の労働者は、「募集」と「官斡旋」で日本に来た。これは強制ではない。「日本に渡った朝鮮人の多くは、自発的にお金を儲けるために日本に行きました」と李宇衍氏はいう。朝鮮人の災害率が高かったのは事実だが、それは「人為的な『民族差別』ではなく、炭鉱の労働需要と朝鮮の労働供給が作り上げた不可避的な結果です。」朝鮮人労働者は賃金で差別されていたというのも、正しくない。朝鮮人と日本人の賃金の差は、「勤続期間の差、経験と熟練度の差から発生しました。決して人為的な差別の結果ではありません。」何も差別待遇も、奴隷的な使役もない。問題はまったくないのに、「強制動員」だと叫び、「奴隷労働」をさせられたかのように言うのは、まさに「嘘」なのだというのである。

「慰安婦」問題をめぐる記述の問題性

第二部「種族主義の象徴と幻想」は白頭山神話、独島は韓国領だという主張、「親日清算という詐欺」などが論じられ、批判されているが、散漫な感じがする。李栄薫氏がもっとも力を入れてきたのは慰安婦問題であった。この問題こそ『反日種族主義の牙城』だとして、本書の第三部がすべて捧げられている。だが、ここにこそ本書の問題性がもっとも明らかにあらわれている。

李栄薫氏の叙述の中で私がただ一つ学んだことは、韓国政府は1955年から66年までの間、保健社会部の『保健社会統計年報』にその年の「接待婦検診成績」をのせるにあたり、接待婦を「ダンサー」、「慰安婦 prostitute」、「接待婦 entertainer」、「密娼 harlot」の四部類に分け、数字を記載していたということである。私も急いで1966年の年報を見て確認した。私が知るところでは、1957年から76年の間に『朝鮮日報』では「慰安婦」という言葉を88件の記事で使っているが、すべて米軍将兵相手の娼婦をさしていた。そのときに韓国政府が「prostitute」一般を「慰安婦」と呼んでいたのはどういうわけか、疑問を感じるが、それがいま問題ではない。

李氏がこの奇妙な事実から、「つまり慰安婦は1945年の日本の敗亡と共に消えたのではなく、1960年代まで存続したのであり、むしろ盛んであったのです」というような途方もない主張を導き出すのに私は唖然としたのである。李氏は、それから「韓国軍慰安婦」「民間慰安婦」「米軍慰安婦」を順に紹介していき、日本軍「慰安婦は売春婦であった」という主張を押し出している。

「日本軍慰安婦制度は、このような女性の性に対する男性、家父長、国家の支配という長い歴史の一部に過ぎません。」

もとより李氏は、慰安婦が日本軍の軍慰安所に集められたことは認める。「1937年、日本軍は軍の付属施設として慰安所を設置しました。……『慰安婦』という言葉は、1937年以降、慰安所が公式に設置されてから生まれたと言われています。」だが李氏は、軍の慰安所だからといって、売春婦の仕事に本質的な変化はないのだと主張する。「日本軍慰安婦制は民間の公娼制が軍事的に動員・編成されたものに過ぎません。実は公娼制そのものが、最初から軍慰安所の性格をもっていました。そのため、『公娼制から慰安婦制への移行』とは言うものの、それは形式的な変化に過ぎませんでした。」

これは暴論である。李氏は、軍慰安婦と民間の公娼との間に「差異」もないわけではないとするが、その「差異」は、次のような程度の差異だと主張する。「民間の公娼制に比べ軍慰安婦制は、高労働、高収益、高危険でした。」「とにかく、軍慰安婦の労働強度が民間娼妓に比べて高かったのは事実です。しかし、その分、高収益でした。」「しかし、何事であれ、収益には反対給付がつきものです。高収益である分、高危険がありました。」「第一線に配置された慰安婦は、大きな危険にさらされていました。」「とは言え、戦場で命を落とした慰安婦たちの数を誇張しては困乱します。ほとんどの慰安婦は、戦後無事に帰還しました。」

ここまで読んで、私は慄然とした。ここでは、『大韓民国の物語』で示された程度の軍隊慰安婦の運命に対する理解も同情心も見られない。慰安婦はたんなる売春婦にすぎないという主張に徹している。２００７年６月14日の『ワシントン・ポスト』紙に櫻井よしこ、西岡力氏らがのせた意見広告“The Facts”が思い出された。慰安婦は“the licensed prostitution”の下で仕事をしていた者だと書かれていたあの広告である。

そうであるならば、李栄薫氏らこの本の筆者たちは、慰安婦問題について日本政府に対して謝罪を要求したり、それを表す金銭的な支払いをもとめたりすることを否定することになるだろう。『反日種族主義』の李栄薫氏は『大韓民国の物語』の李栄薫氏とは違って、いまやそのように考えているのだろう。

だが、ここに矛盾がある。李氏の盟友朱益鍾氏は、本書の最終章「韓日関係が破綻するまで――挺対協の活動史」を書いているが、その中で、宮沢首相が韓国国会で謝罪し、加藤紘一官房長官も謝罪の談話を出し、ついには河野洋平官房長官が謝罪の談話、いわゆる河野談話を出したことを肯定的に記述し、挺対協がこれらの謝罪を認めなかったことを批判している。

「日本政府は、（…）１９９３年８月に報告書を発表しました。（…）慰安所は、軍当局の要請によって設置されたもので、慰安所の設置・管理と移送に旧日本軍が関与したことを是認し、そのため、日本軍慰安婦たちに謝罪と反省の意を申し上げる、と発表しました。」「しかし、挺対協は、日本政府が慰安婦募集の強制性を曖昧に認めただけだ、と反発しました。」

さらに朱氏は、アジア女性基金が公式賠償でないが、「官民合作」によって「慰労金」を出したと肯定的に記述して、挺対協がこれを拒否し、突っぱねたと批判している。慰安婦がたんに売春婦にすぎないとみるなら、日本政府が謝罪を表明するのは余計なこととして、しりぞけるはずではないか。日本政府の謝罪、アジア女性基金の努力を受け入れるべきだったかのように主張して、挺対協を批判するのは矛盾していないだろうか。

もちろん、私はこの首尾一貫しない態度は理解できる。慰安婦などは単なる売春婦だと言い切ってみたものの、被害者のハルモニが苦しみを受けた、日本の政府責任者の謝罪が欲しいと言ったことを無視しきることは人間としては苦しいのだろう。次のような現実も否定できないのだ。

日本政府とアジア女性基金は、1996－2006年に、「かつての戦争の時代に、一定期間日本軍の慰安所等に集められ、将兵に性的な奉仕を強いられた」と訴えた韓国60人、台湾13人、フィリピン211人、オランダ79人の女性たちの主張をみとめて、謝罪をし、贖罪のしるしとしての金銭的な支払いをした。このことは消し去ることのできない歴史であり、現実である。

本書が出版されると、韓国の主流的な立場からはげしい非難と強い反発がよせられたようだ。しかし、この本は予想をこえた読者を獲得し、9月にははやくも8刷りとなっており、年末には売り上げ冊数は10万部に達したと言われている。

誰が、なぜ読んでいるのか

この本を読む韓国人の読者はどういう人たちであろうか。韓国人は支配的な日本批判の論調になれ親しんできた。そういう人たちの中から多くの人が『反日種族主義』を買って読む。激烈な言葉、過激な表現にひきつけられて、読んでみたという人が少なくないだろう。これまで韓国では語られなかった言葉、表明されなかった意見だから、新鮮だと思った人もいるのだろう。本文を読み進める中で、どこか共感する点を発見しているのかもしれない。私の韓国人の友人の一人は、かかっている医者から、これはよい本だと勧められて、驚いたと語った。そうだとすれば、韓国の主流的な日本批判論者は大いに反省するところがなければならないということになる。

だが、慰安婦はたんなる売春婦だという李栄薫氏の極論にはいまの韓国人が納得するとは思えない。李氏の議論に落ち着かない気分になった読者は朱益鍾氏の主張にいたり、ほっとするのではないか。この本がいくらベストセラーになったとしても、韓国人の考えを「反日種族主義」撲滅の方向に同調させることはできるはずがない。

日本版を読む人々

さて『反日種族主義』の論調を歓迎し、ソウルで出版された本をいちはやく日本で翻訳出版しようとしたのは、西岡力氏たちであった。ソウルで開かれた出版記念会に出席した同氏は『Ｗｉｌｌ』10月号別冊に「韓国人はなぜウソつきなのか」と題する一文を書いて、この本の主張を紹介した。

翻訳本『反日種族主義——日韓危機の根源』が文藝春秋社から刊行されたのは昨年11月半ばのことだった。12月には、早くも4刷で、25万部売れたと報じられた。本年2月には、東京の私鉄の車両の中に本書の広告のシールが張られ、40万部出たと書かれるという事態となった。

私はつくづくおかしなことだと思う。徴用工と言われる人は自分の意志で日本に働きに来た人だというようなことは日本では安倍首相も言っている。慰安婦はたんなる売春婦だというようなことは、櫻井よしこ氏や西岡力氏がアメリカ人に向けた意見広告の中でも言っているのはすでに述べた通りだ。毎月のように、『月刊Ｈａｎａｄａ』や『Ｗｉｌｌ』といった雑誌で読んでいるのと同じ論調を展開した本を読んで、何が面白いのだろうか。韓国人の元ソウル大学の先生が自分たちの評論家の主張を裏書きしてくれたので、安心を覚えるのだろうか。

結局のところ、この本を読んで、安心できると思うのは幻想である。朱益鍾氏の一文を読み落としてはいないか。慰安婦問題についての謝罪、河野談話は撤回してはならないと書いてあるのだ。

韓国人、朝鮮人が日本の植民地支配を免罪して忘れる時は永久にこないだろう。そのことを念頭に置いて日本人と韓国人、朝鮮人は語り合い、ともに生きる道を求めていく他ないのである。

（『世界』２０２０年５月号）

和田春樹（わだ・はるき）東京大学名誉教授。１９３８年生まれ。東京大学文学部卒業。著書『金日成と満州抗日戦争』（平凡社）『朝鮮戦争全史』（岩波書店）『朝鮮有事を望むのか』（彩流社）『北朝鮮本をどう読むのか』（共編著、明石書店）『検証日朝関係60年史』（共著、明石書店）『日露戦争　起源と開戦』（上下、岩波書店）『拉致問題を考えなおす』（共編著、青灯社）『北朝鮮現代史』（岩波書店）『平和国家の誕生』（岩波書店）『スターリン批判１９５３～５６年』（作品社）『アジア女性基金と慰安婦問題』（明石書店）『米朝戦争をふせぐ』（青灯社）『安倍首相は拉致問題を解決できない』（青灯社）『韓国併合１１０年後の真実：条約による併合という欺瞞』（岩波ブックレット）ほか

慰安婦問題の解決に何が必要か

2020年9月10日　第1刷発行

著　者　和田春樹

発行者　辻　一三

発行所　株式会社青灯社

東京都新宿区新宿 1－4－13

郵便番号 160－0022

電話 03－5368－6923（編集）

　　 03－5368－6550（販売）

URL http://www.seitosha-p.co.jp

振替　00120－8－260856

印刷・製本　モリモト印刷株式会社

Printed in Japan

ISBN978－4－86228－113－5 C0031

小社ロゴは、田中恭吉「ろうそく」（和歌山県立近代美術館所蔵）をもとに、菊地信義氏が作成